세상에서
가장 재미있는
문명지도

04 강력추천 세계 교양 지도 04

세상에서 가장 재미있는 문명지도

시마자키 스스무 지음 | 김성미 옮김
서울대학교 명예교수·허승일 감수

북스토리

추천의 글

과거 역사와 문명을 제대로 이해하려면 10년간 책을 보고, 10년간 현장을 둘러보고, 10년간 생각을 해보라는 말이 있습니다. 그래서 서양 고대 문명과 역사를 전공하고 있는 나는 부지런히 책을 읽고 답사여행을 해보았습니다. 정말 '백 번 듣는 것이 한 번 보는 것만 못하다'는 속담이 가슴에 와닿고, 또 '아는 것만큼 보인다'는 평범한 말이 '참'임을 실감했습니다. 최근, 아버지가 어린 아들에게 역사의 예술성에 대해 설명하는 귀시스의 그림을 보고 탄식을 금치 못한 적이 있습니다. 여러 차례 아테네를 찾아가 박물관 소장 그림들을 감상한 적이 있지만, 아테네의 국립미술관에 있는 그 그림의 중요성을 몰랐기 때문에 그냥 스쳐 지나가 사진 한 장 찍어 놓은 것이 없음을 깨닫게 되었기 때문입니다.

이집트의 왕들의 계곡에 가면 오직 한 곳, 도굴되지 않은 투탕카멘의 무덤이 있습니다. 일주일만 상형문자의 기본을 익히면 그곳의 문자를 판독할 수도 있지요. 그런데 이곳의 부장품은 지금 어디에 있는지 아십니까? 유명한 미라관과 특히 투탕카멘의 황금가면 등 2천여 점의 부장품은 카이로 국립박물관 2층에 전시되어 있습니다. 슐리이만이 미케네에서 발굴한 아가멤논의 황금가면들은 아테네 국립박물관에 들어서자마자 볼 수가 있습니다. 트로이의 많은 유물들은 이스탄불 국립고고박물관 2층에 고스란히 전시되고 있습니다. 이집트의 람세스 2세가 히타이트 왕국과 싸우다가 조약을 맺었다는 '카데쉬 조약' 쐐기 문자 원문도 이스탄불 박물관에서 볼 수 있고, 또 암기용 조그마한 함무라비 법전 비문도 이곳 박물관에서 볼 수가 있습니다. 더욱이 중국의 시안(옛 장안)에 있는 진시황의 '병마용총', 지중해 전역에 걸쳐 있는 7대 불가사의, 아메리카 대륙의 마야 문명 지역이나 인도, 영국, 프랑스에 있는 유적들은 직접 가서 보아야 고대 문명의 숨결을 가까이 느낄 수 있습니다.

일찍이 서양의 역사의 아버지 헤로도토스도『역사』를 쓰기 위해 페르시아 전쟁과 관련된 곳이라면 모두 가보았고, 동양의 역사의 아버지 사마천도『사기』를 쓰기 위해 두루 여행을 했습니다.『세상에서 가장 재미있는 문명지도』라는 이 책은 4대 문명을 포함한 고대의 전 문명에 대해 온갖 질문을 던지면서 여러분을 살아 숨 쉬는 고대 문명 세계로 안내할 것입니다. 그리고 장차 많은 생각을 하면서 직접 찾아가볼 현장답사의 좋은 길잡이가 될 것으로 확신합니다.

허승일 서울대 명예교수

머리말

고대 문명이라고 하면 늘 불가사의한 이미지가 떠오릅니다. 실제로도 고대 문명은 수수께끼와 신비함으로 넘쳐나고 있지요. 과학의 진보와 함께 수수께끼는 하나하나씩 풀려가고 있지만 동시에, 새로운 수수께끼가 생겨나고 있는 것도 사실입니다. 이집트의 거대한 피라미드를 예로 들어봅시다. 처음에 주목한 것은 그 거대함뿐이었지만 조사와 연구가 진전됨에 따라 자재 운반 방법, 건축 기법, 천문과의 관련성, 건축 목적 등 경의의 대상과 그 깊이는 늘어만 갔습니다. 그래서 이 책에서 미스터리의 보고, 고대 문명의 수수께끼를 풀어볼까 합니다.

학교 교과서에서는 보통 세계 4대 문명부터 시작합니다. 여기서 4대 문명이란 티그리스와 유프라테스강 유역에서 번영한 메소포타미아 문명, 나일강 유역에서 번영한 이집트 문명, 인더스강 유역에서 번영한 인더스 문명, 황하 · 양쯔강 유역에서 번영한 중국 황하 문명을 말합니다. 그러나 고대 문명이 발생한 곳은 네 지역, 큰 강 유역에만 한정되어 있지 않습니다. 규모의 차이와 시대의 늦고 빠름은 있지만, 4대 문명 이외에도 바다, 초원, 산악지대를 모태로 독자적인 문명을 이룬 곳들이 있었습니다.

그래서 이 책에서는 4대 문명과 함께, 그리스 · 로마 문명을 기둥으로 하는 지중해 문명과 영국의 스톤헨지, 프랑스의 카르나크 열석(列石)군으로 대표되는 거석 문명도 다루었습니다.

특히 이 책은 구체적으로 '지상낙원 에덴동산은 실제로 존재했다?' '파라오의 저주는 진짜일까?' '인도에서 소를 신성시하는 이유는?' '한자의 원형, 갑골문자란 무엇일까?' '트로이의 목마는 전설일까? 사실일까?' '스톤헨지는 왜 만든 것일까?' 등 독자의 소박한 의문에 답하는 형식을 취하고 있기 때문에 어디부터 읽어도 좋습니다.

덧붙여, 언제부터 언제까지를 고대로 볼 것인가 하는 문제는, 이 책에서는 농경의 시작부터 기원 전후경까지로 정하였습니다. 이 책을 통해 고대 문명을 알아가는 즐거움을 느끼고 불가사의에 매료되는 독자가 조금이라도 늘어나기를 바랍니다.

contents

CHAPTER 1
풍요의 땅, 메소포타미아 문명의 수수께끼

CHAPTER 2
신비의 제국, 이집트 문명의 수수께끼

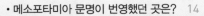

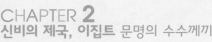

CHAPTER 3
신들의 나라, 인더스 문명의 수수께끼

CHAPTER 4
황금의 대륙, 황하 문명의 수수께끼

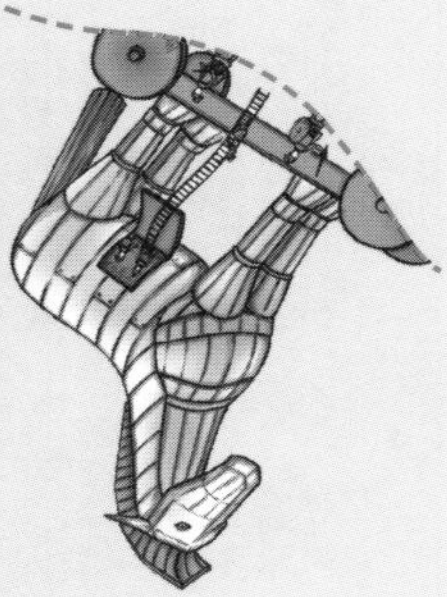

CHAPTER 5
영웅의 땅, 지중해 문명의 수수께끼

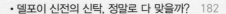

CHAPTER 6
비밀의 돌, 거석 문명의 수수께끼

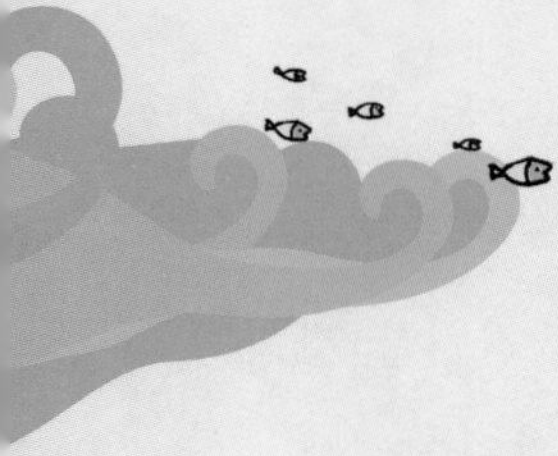

CHAPTER 1

풍요의 땅,
메소포타미아 문명의
수수께끼

메소포타미아 문명이 번영했던 곳은?

고대 이집트와 메소포타미아 지역을 일컬어 오리엔트라고 한다. 이곳의 지명은 그리스어와 라틴어에서 기원한 것이 많은데, 오리엔트도 '해 뜨는 곳'을 뜻하는 라틴어에서 온 말이다. 또한 이집트, 페르시아, 메소포타미아라는 지명은 그리스어에서 유래되었다.

메소포타미아는 그리스어로 '강 사이의 낮은 땅'이라는 뜻으로, 여기서 두 강이란 티그리스강과 유프라테스강을 말한다. 두 강은 각각 소아시아 동부의 산악지대에서 흘러나오는데, 하류에 이르러서는 하나로 합쳐져 샤틀 엘 아랍

강이 되어 페르시아 만으로 흐른다. 이 두 강 사이에 낀 지역뿐만 아니라 강 유역을 포함한 지역이 바로 메소포타미아다. 현재로 보자면, 이라크 동쪽 절반부터 시리아 북동부, 터키 남동부, 이란 북서부에 걸친 지역이 메소포타미아에 해당한다.

또한 메소포타미아를 작게 나눠 부를 때는 북부를 아시리아, 남부를 바빌로니아라고 했고, 바빌로니아는 다시 북부의 아카드와 남부의 수메르로 나눠서 부르기도 했다. 중세 아랍인은 북부를 자지라(섬이라는 뜻), 남부를 이라크 아라비라고 불렀는데, 이라크라는 이름은 유프라테스강 하류에서 기원전 3500년경부터 기원 전후 무렵까지 번영했던 도시국가 우르크(현재의 와르카)에서 유래된 것이라고 한다.

지상낙원 '에덴동산'은 실제로 존재했다?

에덴동산은 실제로 있었을까? 『구약성서』의 「창세기」 속에 등장하는 에덴동산에 관련된 내용을 간추리면 이렇다.

신은 엿새 동안 세상과 동식물을 만들고 하루 휴식을 취한 후, 에덴동산을 만들어 그곳에 인간 남녀 한 쌍을 살게 했다. 남자의 이름은 아담, 여자의 이름은 이브라고 지었다. 동산에는 강이 하나 흘렀는데, 그 강은 동산을 흘러나와, 피숀, 기혼, 히데켈, 유프라테라는 네 줄기의 강으로 나누어졌다. 동산의 큰 땅에는 보기에도 탐스럽고 먹음직스러운 열매가 열리는 나무가 수없이 자라고 있었다. 신은 아담과 이브에게 "어떤 나무에 열린 열매든 마음대로 먹어도 좋다. 그러나 선악의 지식 나무에 열리는 열매만은 따 먹어서는 안 된다. 그것을 먹으면 반드시 죽기 때문이다"라고 강조했다. 아담도 이브도 실오라기 하나 걸치지 않은 모습이었지만, 서로 부끄럽다고는 생각하지 않았다. 아무 일도 하지 않고 마음껏 놀며 지내던 두 사람이었지만, 어느 날 갑자기 그 편안한 생활에 종지부를 찍게 된다. 이브는 뱀의 꾐에 빠지고, 아담은 이브의 꾐에 빠져서, 선악의 지식 나무에 열린 열매를 따 먹고 말았기 때문이다. 그 순간 두 사람은 벌거벗은 모습에 부끄러움을 느끼게 되었다. 이것이 신에게 들키지 않을 리가 없다. 두 사람은 벌을 받아 에덴동산에서 영원히 쫓겨났고, 그 후에는 음식을 얻기 위해서 땀 흘려 일해야 했다. 이것이 에덴동산 이야기의 줄거리이다.

에덴동산은 상상 속의 낙원이라는 생각이 일반적이다. 그런데 에덴동산의 모델이 있었다고 주장하는 사람도 있다. 「창세기」에 등장하는 네 줄기의 강 중에서 유프라테는 유프라테스강이 틀림없고히데켈은 티그리스강이기 때문에, 메소포타미아의 어딘가에 에덴동산의 모델이 있었다고 보는 의견이다. 정확한 위치는 알 수 없지만 『구약성서』에 등장하는 베테에덴이라는 곳과, 강대한 도시국가 라가슈와 움마 사이에 오랜 세월에 걸쳐 쟁탈전이 펼쳐졌던 구에딘나('에덴의 목'이라는 뜻) 벌판이 유력시되고 있다. 그 외에도 아라라트산을 바라보는 아르메니아의 땅이라는 주장을 비롯해, 기원전 3000년경부터 동서 무역의 중계지로서 번영한 아라비아 반도의 딜문(현재의 바레인)과 아시르(메카 남부)라는 설 등이 있다.

당장 나가!
겨우 사과 한 알 가지고……. 너무해.

노아의 방주는 정말 있었을까?

노아의 방주는 워낙 유명한 이야기이긴 하지만 혹시 모르는 사람을 위하여, 일단 그 줄거리를 정리하면 이렇다.

에덴동산에서 추방된 후 아담과 이브의 자손은 대를 이어 엄청난 수로 늘어났고, 그에 비례하여 악행을 저지르는 사람도 많아졌다. 신은 고민 끝에 유일하게 신의 마음에 들었던 노아와 그의 가족을 제외하고 일단 전 인류를 멸망시키기로 결심한다. 노아는 신의 명령에 따라 방주를 만들기 시작했다. 건축 재료로 잣나무를 쓰고, 방수에는 나무의 송진을 사용했다. 길이는 300큐빗(1큐빗은 약 45센티미터), 폭은 50큐빗, 높이는 30큐빗. 위쪽에 1큐빗 이내로 천창(지붕에 낸 창)을, 1층과 2층, 3층의 바깥쪽에는 각각 출입구를 만들었다. 방주를 완성하자, 노아는 신의 명령대로 모든 생물 중 어떤 것은 암수 일곱 쌍씩, 또 어떤 것은 암수 한 쌍씩을 모아서 자신의 아내와 아들, 며느리와 함께 배에 탔다.

그로부터 7일 후, 노아의 생애 600년째가 되던 두 번째 달 17일부터 비가 내리기 시작했다. 비는 밤낮을 쉬지 않고 40일 동안 계속 내렸고, 땅 위에 있는 모든 것은 물 밑으로 잠겼다. 인간뿐만 아니라 동물도, 새들조차도 머물 곳을 찾지 못하고 빠져 죽었다. 방주 안에 있는 생물을 제외한, 땅의 모든 생물이 죽음에 이르렀던 것이다.

비가 그친 후 일곱 번째 달의 17일, 방주는 아라라트산 정상에 정착했고, 열 번째 달의 첫날이 되자 다른 산들의 꼭대기가 드러났다. 얼마 지나, 노아는 바깥의 모습을 살피려고 까마귀 한 마리를 풀어주었다. 그러나 까마귀는 드나들기를 반복할 뿐 조금도 도움이 되지 않았기 때문에 다시 비둘기를 풀어주었다. 발을 내릴 수 있는 장소를 찾지 못한 비둘기는 금방 돌아왔다. 그로부터 7일 후, 다시 비둘기를 놓아주자 저녁때가 되어 올리브 새잎을 물고 돌아왔다. 다시 7일 후, 마찬가지로 비둘기를 놓아준 바, 더 이상 방주로는 돌아

오지 않았다. 노아의 생애 601년째 되던 첫 번째 달의 첫날, 땅이 마르기 시작하여 두 번째 달 27일이 되자 땅은 완전히 말랐다. 이때가 되어, 노아는 가족과 모든 생물을 방주에서 내려주고 신과 계약을 맺었다. 이상이 노아의 방주에 대한 이야기이다.

노아의 방주 이야기는 유대인의 조상에 해당하는 헤브르인(헤브라이인, 이스라엘인이라고도 함)의 신화를 기초로 만들어졌다고 하는데, 사실은 그것에도 원래 기원이 있다고 한다. 「창세기」의 성립은 아무리 오래됐다고 가정해도, 기원전 10세기를 거슬러 올라가지 않는다고 한다. 하지만 그보다도 먼 옛날 메소포타미아에 노아의 방주와 비슷한 홍수 이야기가 있었다.

메소포타미아에 처음으로 문명을 세운 수메르인의 신화에 따르면, 점토판 문서의 파손이 심해서 자세한 과정은 알 수 없지만, 신들이 홍수를 일으켜 생물을 멸망시키기로 결심한다. 신들이 미리 그 사실을 전해준 지우스드라(영원한 생명이라는 뜻)라는 사람만이 다른 생물과 함께 배를 타고 난리를 피한다. 살아남은 그는, 신들에게서 영원한 생명과 딜문의 땅을 받았다고 기록되어 있다.

덧붙여 이보다 나중에 성립된 아카드 이야기의 신화에서

는 홍수를 일으킨 이유가 인간이 너무 많아져서 시끄러웠기 때문이라고 한다. 여기서는 아트라하시스라는 사람이 다른 생물과 함께 배를 타고 난리를 피하고 있다.

그로부터 기원전 2000년경에 성립되었다는 도시국가 우르크의 신화, 흔히 말하는 '길가메시 서사시'에서는 유일하게 살아난 사람의 이름이 우트나피쉬팀이라고 한다. 배가 정착한 곳은 니무쉬라는 산으로 7일 후에 비둘기를, 이어서 제비를 놓아주었는데 둘 다 돌아왔다. 그 후 까마귀를 놓아주자 돌아오지 않았기 때문에 물이 빠졌다는 것을 알았다고 한다. 「창세기」의 기록에 조금씩 가까워진 것을 알 수 있다.

똑같은 신인데 이름만 다르다?

메소포타미아는 다신교 세계로서 그리스 신화와 마찬가지로 자연을 신격화한 많은 신을 숭배했다. 신들은 모든 일에 능통하지도, 잘못을 범하지 않는 존재도 아니라서 배도 고프고 울고 웃기도 하며 열정적인 사랑에 빠지기도 한다. 그리고 병에 걸리거나 다치기도 하며 죽는 일마저 있다.

기원전 3000년대부터 기원전 2300년경에 걸쳐서 메소포타미아 남부를 중심으로 번영했던 수메르인을 예로 들어보자. 수메르인은 본래의 거주지나 이주 경로, 이주 시기, 어떤 계통의 언어를 사용했는지도 알 수 없는 수수께끼가 많은 민족이다. 많은 신들 가운데 그들이 주로 숭배한 3대 신은 천공의 신 엔, 바람과 대기의 신 엔릴, 물의 신 엔키였다. 수메르인은 신을 수학으로 나타내는 일도 있어서, 엔부터 순서대로 60, 50, 40으로 표시하였다. 최고치가 60인 것은, 그들이 60진법을 썼기 때문일 것이다.

수메르에서는 이 3대 신 외에도 달과 지식의 신 난나, 금성과 사랑과 다툼의 신 이난나, 식물과 봄의 부활의 신 두무지 등 다양한 신을 받들었다. 이 신들은 이름과 성격을 조금씩 바꾸며 다음 세대로, 그리고 주변 지역으로 전해졌다. 예를 들어 이난나는 기원전 1800년경의 아시리아 지방에서는 풍요의 여신이 되어 물 항아리를 든 모습으로 만들어졌다. 또한 그리스에서는 사랑과 미의 여신 아프로디테로 다시 태어났고, 로마에서는 베누스라고 불렸는데, 이것의 영어식 발음이 비너스이다.

또 물의 신 엔키는 기원전 1200년경 바빌로니아에서 누딤무드로, 바람과 대기의 신 엔릴은 바다의 신 티아마트를 죽이고 최고신의 자리에 앉은 마르두크로 바뀌었다. 그 후 시리아와 가나안(팔레스티나)에서 폭풍우와 날씨의 남자 신으로서 바알, 하다드, 앗두, 테슈브 등 시대와 지역에 따라 다양한 이름으로 불렸다. 시리아의 왕 중에는 '바알 하다드(하다드의 아들)'라는 이름을 가진 사람이 몇 명이나 있는 것으로 보아 매우 인기 있는 신이었나 보다. 『구약성서』에서도 가나안 선주민과 헤브르인 사이에 바알 신앙이 널리 보급된 사실을 엿볼 수 있다. 『구약성서』에 등장하는 많은 예언자들이 바알에 대한 제사를 그만두고 유일신으로 맞서도록 반복해 강조하고 있는 것을 보면, 그렇게 할 수밖에 없을 정도로 바알 신앙이 널리 퍼져 있었던 것이다. 또한 바알이라는 이름은 바빌로니아어인 '벨'에서 온 말인데, 본래는 '주인' '소유자'라는 뜻으로, 때와 장소에 따라서는 '벨'이라고도 불린다. 레바논의 베이루트와 시리아의 팔미라에 남은 벨 신전도 바알에게 바쳐진 신전이다.

맥주를 약으로 마신다?

고고학 연구의 성과로, 고대 메소포타미아 사람들이 무엇을 먹고 마셨는지 상당 부분 알 수 있다. 우선 음료부터 보자면, 물과 맥주, 와인을 들 수 있다. 기원전 3000년경에 이미 맥주가 만들어지고 있었고 이것을 일상 음료로, 때로는 약으로 마셨다. 보리 외에 밀, 잡곡으로도 만들었는데, 걸쭉한 막걸리 형태였다고 한다. 수메르 유적에서 출토된 원통 인장(고대 서아시아의 도시국가에서 사용하던 원통형의 돌로 만든 도장) 속에는 항아리에 빨대 같은 것을 꽂아 맥주를 마시는 장면이 그려진 것도 있다.

음식으로는 빵, 양고기, 소고기, 닭고기, 생선, 달걀, 말린 과일, 유제품 등이 있었다. 빵은 얇게 구운 것도 있는가 하면, 두툼하고 둥근 모양을 한 것도 있는 걸로 보아 설탕과 말린 과일, 견과류를 넣어 케이크도 만들었던 것 같다. 주식

은 이 빵과 말린 과일이었던 것으로 보인다. 구체적으로는 말린 포도, 무화과, 대추야자 열매 등으로, 이 중에서도 가장 귀했던 것은 대추야자 열매일 것이다. 영양이 풍부한 데다 보존성이 높고 휴대하기에도 편리하기 때문이다. 특히 유목민과 상인들에게는 빼놓을 수 없는 음식이었다.

천문학의 시작은 점성술이다?

예수그리스도가 탄생한 직후, 동방의 세 현자가 멀리서 찾아왔다. 그들은 별을 관측하고 있어서 구세주의 탄생을 알았다고 한다. 이것은 『신약성서』의 「마태복음」에 나오는 이야기이다.

여기서 말하는 동방의 세 현자는 아마도 바빌로니아 점성술사일 것이다. 예로부터 바빌로니아는 점성술로 유명한데, 그것이 서양 점성술의 기원으로 전해진다.

그렇다면 바빌로니아의 점성술은 언제 시작되었을까? 정확한 시점은 알 수 없지만 학설에 의하면, 기원전 1800년경까지 거슬러 올라간다. 원래는 개인의 운명이 아니라 국가와 사회를 위협하는 재해, 큰 사건 등을 미리 알기 위한 것이었다. 전쟁과 홍수, 가뭄, 혹은 일식, 월식이라는 큰 사건의 발생과 그것이 사회에 끼칠 영향을 미리 알기 위한 것이었다. 점성술사들은 매일 밤 별의 위치와 밝기 등을 정성껏 기록하였다. 그렇게 모인 자료를 이용해서 천체가 어떤 상태를 보였을 때 과거에는 이런 일이 있었다, 그러므로 머지않아 이런 일이 일어날 가능성이 있다고 보고 미리 대책을 제안하는 것이 그들의 임무였다.

예를 들어, 화성이 금성의 왼쪽으로 오면 아카드 마을이 황폐해진다든가, 수성이 금성에 가까워지면 왕의 권력이 강해져서 적을 압도한다든가, 화성이 역행 운동을 한 후에 전갈좌로 들어가면 왕은 조심해야 한다, 라는 식이었다. 바빌로니아인들은 별의 움직임에 따라 땅에서 일어나는 현상을 당연한 것으로 여겼다. 점차 증명이 필요 없어진 기록들이 통계 자료로 축적됨으로써 바빌로니아의 점성술은 과학의 한 분야로 발달하여 동서로 퍼져나갔다.

메소포타미아의 전차와 중국의 전차가 비슷한 까닭은?

런던의 대영박물관에는 수메르의 우르 유적에서 발굴된 기원전 2600년경의 모자이크화가 간직되어 있다. 역청(아스팔트, 석유, 천연가스 따위)의 층으로 조개껍데기, 적색 석회암, 청금석(나트륨, 알루미늄 등을 함유한 규산염 광물) 등을 끼워 넣어 만든 매우 아름답고 사실적인 것으로, 이 안에는 당시의 전차 그림이 그려져 있다. 아마도 이것이 세계에서 가장 오래된 고대 전차에 관한 기록일 것이다.

네 마리의 말이나 당나귀가 끄는 사륜차로, 차 위에는 마부 외에 창 같은 무기를 든 전사의 모습이 보인다. 마부도 전사도 투구를 쓰고 있고, 차에는 방패와 창도 갖춰져 있다. 바퀴는 작은 반원기둥 판 두 장을 걸쇠로 이어 맞췄는데, 이래서는 속도도 느리고 회전도 제대로 되지 않아 안정되지 못했을 것이다. 기원전 17세기나 기원전 16세기경에는 그 문제점을 해결한 전차가 나타나는데, 두 마리의 말이 끌고 여러 줄의 바퀴살이 달린 대형 바퀴를 갖추고 있었다. 이것은 메소포타미아 북부에서 번영한 미탄니 왕국에서 시작된 것으로 보인다. 그로부터 몇백 년 사이에 전차는 오리엔트 전역으로 퍼졌다.

기원전 1275년경 시리아의 오론테스강 부근의 카데쉬에서 가나안의 소유를 둘러싸고, 소아시아를 근거지로 한 히타이트와 이집트의 대군이 부딪쳤을 때 두 군대 모두 전차를 활용했다. 이 전투에 대해서는 이집트의 아부심벨 대신전의 벽화에 자세히 묘사되어 있어서 어떤 전차를 사용했는지까지 뚜렷이 알 수 있다. 아부심벨 대신전은 카데쉬 전투에서 이집트군의 총지휘를 맡았던 파라오(국왕) 람세스 2세가 세운 것이다.

메소포타미아에서 생겨난 고대 전차는 사방으로 전파되었다. 동쪽으로는 중국에까지 이르렀는데, 중국의 전차에 대해서는 전파설 외에, 독자적으로 생겨나서 발전했다는 주

장도 있다. 그러나 중국에서 전차가 사용된 것은 은대 후기, 대략 기원전 13세기로, 불쑥 수준 높은 형태의 전차 모양이 나타난 것을 보면 자연적으로 발생했다고 보기는 힘들다. 역시 전파에 따른 것으로 볼 수 있다.

문화는 혼자 걷는 것이 아니라 반드시 사람의 이동을 동반한다. 오리엔트에서 중국까지 어떤 경로와 사람들에 의해 어느 정도의 시간이 걸려서 전해졌는지, 그와 관련된 것은 여전히 수수께끼로 남아 있다.

정말 '눈에는 눈, 이에는 이'일까?

기원전 3100년경이 되면서 생겨난 도시국가들 사이에서 치열한 패권 다툼이 오랫동안 계속되었는데, 가끔 통일 왕조가 건설되는 일도 있었다. 최초로 통일 왕조를 이뤄낸 왕이 아카드 왕조의 사르곤(재위 기원전 2333년~기원전 2279년경)이고, 두 번째가 바빌로니아 제1왕조인 함무라비(재위 기원전 1792년~기원전 1750년경)였다.

함무라비라고 하면 '눈에는 눈, 이에는 이'라는 함무라비 법전이 유명한데, 사실 그것에는 좀 오해가 있다. 세계에서 가장 오래된 법전으로 전해지기도 했지만, 그것은 20세기 초반 프랑스의 조사대에 의해 발굴되었을 때의 이야기로, 그 후의 발굴과 연구를 통해 함무라비 법전보다 오래된 법전이 있었다는 것을 알게 되었다. 현재까지 알아낸 것으로는, 기원전 2100년 전후에 성립된 우르남무 법전이 가장 오래된 법전이고, 그다음이 기원전 1930년 전후에 성립된 리피트 이쉬타르 법전, 또 그다음이 함무라비 법전보다 수십 년은 더 된 에슈눈나 법전이다. 그러나 이 네 개 중에서 당

제가 길을 가는데, 다짜고짜 제 뺨을 때리는 자가 있었나이다!
그렇다면 너도 똑같이
그자의 뺨을 때리도록 하라!

시의 모습이 거의 완전한 형태로 남아 있는 것은 함무라비 법전뿐이다.

함무라비가 메소포타미아의 통일을 이뤄낸 것은 기원전 1763년, 법전을 만든 것은 기원전 1760년으로 나와 있다. 전부 합쳐 282개 조항이고 모두 '만약……'이라는 표현으로 시작된다. 즉, 예를 든 판결집의 형식을 취하고 있는 것이다. 큰 특징 중 하나는 제1조항에서 약자의 보호와 정의 회복을 강조하고 있다는 점이다. 함무라비 스스로 법전의 후기에서 "강자가 약자를 괴롭히는 일이 없도록, 일가친척이 없는 여아와 과부에게 정의를 회복하기 위해서"라고 강조하고 있다.

공정함, 사회 정의를 모든 면에서 말하고 있는 함무라비 법전은 후세 이슬람의 가르침도 이어받았는데, 여기서 말하는 '약자'에는 범죄 피해자도 포함되어 있다. 예를 들어, 강도 피해를 당하고 범인이 잡히지 않았을 경우에 대해 다음과 같이 적고 있다.

무엇을 빼앗겼든지, 피해자는 신 앞에서 신고해야 한다. 그리고 강도가 일어난 장소의 행정권을 가진 시와 시장은, 빼앗긴 것이 무엇이든 피해자에게 물어주어야 한다. 만약 생명을 빼앗겼다면, 시와 시장은 유족에게 은 1마나(약 500

그램)를 지불해야 한다.

당시에 어떻게 받아들여졌는지 알 수 없지만, 지금 보아도 정말 획기적인 내용이다. 사고라면 몰라도, 사건이 일어난 곳의 행정부에게 손해배상 의무를 지게 하는 나라는 동서고금을 막론하고 좀처럼 없지 않을까?

두 번째로 살펴볼 수 있는 특징이, 단순한 복수법은 아니라는 점이다. 원래 함무라비 법전에서는 사람을 아비룸(상층 시민), 무슈케눔(일반 시민), 와루둠(노예)의 세 가지로 구분하는 것을 전제로 한다.

만약 아비룸이 다른 아비룸의 눈을 상하게 한 경우, 사람들은 그의 눈을 상하게 해야 한다.

만약 아비룸이 무슈케눔의 눈을 상하게 했다든가 뼈를 부러뜨렸다면, 그는 은 1마나를 지불해야 한다.

만약 아비룸이 아비룸의 와루둠의 눈을 상하게 했다든가 뼈를 부러뜨렸다면, 그는 와루둠 가격의 반액을 지불해야 한다.

즉, 단순한 복수법이 적용되는 것은 가해자와 피해자가 모두 아비룸일 경우로 한정되었던 것이다.

알파벳은 그리스에서 탄생하지 않았다?

오늘날에는 로마자와 알파벳이 거의 같은 의미로 쓰이고 있다. 하지만 자세히 알아보면, 로마자는 라틴문자를 말하고, 알파벳은 그리스문자 모음표의 첫 두 글자 'α(알파)' 'β(베타)'에서 유래된 명칭이다. 대체 알파벳의 유래는 어느 쪽일까?

사실 세계에서 가장 오래된 문자가 탄생한 곳은 그리스와 로마 어느 쪽도 아닌 메소포타미아로, 이곳에서 알파벳이 시작되었다. 기원전 4000년경에 그림으로 뜻을 나타내는 상형문자가 탄생했고, 기원전 3100년경이 되어서 설형문자가 생겨났다. 이것은 표의문자(글자 하나하나가 언어의 음과 상관없이 일정한 뜻을 나타내는 문자로 한자가 대표적이다)와 표음문자(말소리를 그대로 기호로 나타낸 문자로 한글, 로마자가 대표적이다)를 섞은 문자였다.

다음 단계로의 커다란 변화가 일어난 것은 기원전 17세기에서 기원전 15세기경의 일로, 탄생지는 알 수 없지만 발굴된 장소의 이름을 따서 원 시나이문자, 원 가나안문자라고 불렀으며, 이것이 가장 오래된 알파벳이라 할 수 있다. 표의문자에서 완전하게 표음문자로 바뀌었던 것이다.

알파벳은 조금씩 모양을 바꾸며 사방으로 전해졌는데 그

보급에 가장 큰 역할을 한 것은, 현재의 레바논 해안부를 거점으로 해상무역에서 활약한 페니키아인이었다. 상거래는 기억력에만 기댈 수 없으며 무슨 일이든 꼼꼼히 기록으로 남길 필요가 있다. 바로 그런 이유에서 이제까지의 어떤 문자보다 쓰기 편리한 알파벳이 받아들여졌던 것이다.

페니키아인이 알파벳을 사용하면, 거래하는 상대방도 같은 것을 사용하게 되는 것은 시간 문제였다. 기원전 8세기경에 그리스인이 페니키아인의 알파벳을 받아들였고, 기원전 5세기까지 그리스의 모든 땅에서 사용하게 되었으며, 그 후엔 로마로 전해졌다.

건축부터 연극, 철학에 이르기까지 그리스에서 많은 것을 흡수한 로마인은 그리스로부터 전해진 것은 전부 그곳에서 처음 생긴 것으로 믿었다. 따라서 알파벳이 전해졌을 때도, 이것이 그리스에서 생긴 것이라 믿어 의심치 않았기 때문에 그리스어의 알파, 베타를 따서 알파벳이라는 이름을 붙였다. 알파벳이라는 이름의 유래는 이렇게 생겨난 것이다.

솔로몬이 지혜의 왕이라 불리는 까닭은?

유대인의 역사는 메소포타미아와도 밀접한 관련이 있다. 원래 유대인의 시조로 여겨지는 아브라함은 『구약성서』의 「창세기」에 칼데아의 우르 출신으로 나온다. 칼데아라는 것은 바빌로니아를 가리키는데, 아브라함은 유프라테스강 상류의 하란, 가나안, 이집트를 거쳐 가나안으로 돌아가 그곳에서 생애를 마쳤다고 한다. 그로부터 긴 세월이 지나 기원전 11세기 말에 유대인은 처음으로 왕을 세웠는데, 그 최초의 왕을 사울이라고 한다. 그다음이 다비데(다윗)이고, 그 뒤를 아들인 솔로몬이 이었다. 솔로몬이 나라를 잘 다스린 기간은 대략 기원전 10세기 중엽부터 말경까지로 알려졌다. 솔로몬은 지혜로운 왕으로서 명성이 높은데, 어떻게 그렇게

될 수 있었을까? 그 이유에 대해 『구약성서』에서는 다음과 같이 말하고 있다.

솔로몬이 가장 높은 곳에 제단을 쌓고 천 마리의 산 제물을 바친 그날 밤, 꿈속에 신이 나타나 말했다.

"감사의 표시로, 네가 원하는 것을 들어줄 테니 소원이 있다면 말해보아라."

이에 대해 솔로몬은, "당신은 내 아버지 다비데를 대신해, 소인을 왕으로 앉혔습니다. 그러나 소인은 어린 아이로, 정치에 대해서 아무것도 모릅니다. 게다가, 소인은 당신이 선택한 당신의 백성들 안에 있습니다. 그들은 너무 많아서 헤아릴 수도 알아볼 수도 없을 정도입니다. 그러니 저에게 선함과 악함을 판단하고 당신의 백성을 심판할 수 있는 능력을 주십시오. 그렇지 않으면 누가, 이 엄청난 수의 당신의 백성을 심판할 수 있단 말입니까?"라고 말했다.

이 소원이 신에게 받아들여져, 솔로몬은 지혜로운 왕이 될 수 있었다고 한다. 그 예로 아주 유명한 재판 하나를 들 수 있다.

같은 집에 사는 두 여자가 사흘 차이로 아이를 낳았다. 그런데 한쪽 여자가 잠을 자다가 몸을 뒤척여 자신의 아이를 죽게 만들고 만다. 그러자 이 여자는, 다른 여자가 잠들어 있을 때 아이를 슬쩍 바꿔치기하고는 모른 체했다. 그리고 상대가 무슨 말을 해도 무조건 모른다고 잡아떼었다. 어느 쪽도, 현재 살아 있는 아이가 자신의 아이지, 죽은 것은 상대의 아이라며 양보하지 않았다. 결국 누가 옳고 그른지의 판단이 솔로몬에게 맡겨지게 되었다. 솔로몬은 부하에게 검을 준비하게 하고 말했다.

"살아 있는 아이를 둘로 잘라서 절반을 이쪽에게, 나머지 절반을 저쪽에게 주거라."

"주군, 부디 그 아이를 저 여자에게 주십시오. 결단코 죽이지 말아주십시오."

한 여자는 그렇게 말했고, 나머지 한 여자는, "잘라 주십시오"라고 했다. 솔로몬은 죽이지 말라고 부탁한 여자가 친엄마라고 판결했다.

이것으로 솔로몬의 지혜로움이 어느 정도인지 대략 짐작이 갈 것이다. 하지만 아무리 지혜로운 솔로몬도 이성을 완전히 조절하지는 못했다. 솔로몬은 늙어서 신으로부터 교제가 금지되어 있던 나라들의 여자를 비(妃)로 맞아 아꼈다. 그에게는 7천 명의 왕비와 천 명의 첩이 있었다고 한다. 다른 나라의 여자들은 각자 출신지의 신앙을 지키며, 솔로몬에게도 그 신들을 받들도록 요구했다. 솔로몬은 그녀들의 바람을 그대로 들어주었는데, 그것은 유대신의 가르침에 반하는 일이었다. 이 때문에 유대 왕국에 남북 분단의 불행이 찾아온 것이라고 『구약성서』에서는 말하고 있다.

바빌론에서 '이것'은 신성한 의무였다?

'역사의 아버지'라 불리는 기원전 5세기의 그리스인 헤로도토스는 그의 책 『역사』에서 고대 오리엔트에 대해 많은 정보를 전해준다.

이 책에서는 바빌로니아의 중심도시 바빌론의 풍속에 대해서도 말하고 있는데, 그가 바빌론의 풍속 중에서도 가장 파렴치하다고 지적했던 것이 바로 매춘이었다. 매춘이 세계에서 가장 오래된 직업이라고 전해지기도 하지만, 여기서 말하는 매춘은 직업으로서가 아닌 의무로서의 매춘이다. 바빌론의 여성은 평생에 한 번, 모르는 남자와 관계를 맺어야 했다. 손님과 만나는 장소는 뮤리타라는 여신의 신전으로 정해져 있었고, 여자는 신전 안에 앉아서 그저 말을 걸어주기를 기다렸다. 남자들이 계속 왔다 갔다 하며 찾아오는데 이때, 결코 여자 쪽에서 먼저 말을 걸어서는 안 된다. 살 사람이 나설 때까지 아무튼 기다려야 하는 것이다. 남자가 무릎 위로 돈을 던지고, "뮤리타 님의 명령에 따라 당신에게 부탁하고 싶다"라고 말하면 상대가 누구든, 금액이 얼마든 간에 여자는 최초의 사람과 관계를 맺어야 한다. 그것을 끝내면 임무 완수가 인정되고 여자는 귀가를 허락받았다. 용모가 뛰어난 여자는 금방 돌아갈 수 있었지만, 반대의 경우에는 그렇지 않아서, 그중에는 3년이고 4년이고 남아 있는 여자도 있었다고 한다. 이것은 여신에 대한 봉사가 목적이었기 때문에 예외가 허용되지 않아서, 부유한 가정의 여성이나 지위와 명예가 있는 가정의 여성이라도 피해갈 수 없었다. 바빌론의 매춘은 신전 매춘이라 불리는 성스러운 의식이었던 것이다.

이에 비해 남자들은 어땠을까? 사실 이쪽도 신성한 마음가짐으로 임했다고는 단정할 수 없다. 몇 년이 지나도 살 사람이 나서지 않은 여자도 있었다는 것을 보면, 신앙보다 욕망이 앞섰다는 생각을 하지 않을 수 없다.

그렇다면, 이런 봉사를 받는 뮤리타라는 신은 대체 어떤 신이었을까? 앞에서도 소개했던, 수메르에서 말하는 이난나와 같은 신이었을 것이다. 풍년의 신이기 때문에 봉사를 게을리 하면 흉작이 찾아올지도 모른다고 여겼다. 풍년은 동물로 말하자면 새끼를 많이 낳는 것에 해당하므로, 그런 이유에서 의무로서의 매춘이 생겨났을 것이다.

성궤가 가진 신비한 힘이란 무엇일까?

해리슨 포드가 주연해 전 세계적으로 대히트를 기록한 영화 〈레이더스: 잃어버린 성궤(聖櫃)를 찾아서〉는 성궤를 찾기 위해 고군분투하는 내용이다. 성궤는 유대교에서 말하는 계약 상자를 뜻하는데, 모세가 시나이산에서 신으로부터 받은 10개조의 법률, 즉 십계를 새긴 두 장의 석판을 넣었다고 한다. 모세는 이집트에서 노예 상태에 처해 있던 유대인의 선조들을 해방시키고 가나안으로 안내했던 지도자의 이름이다. 영화의 마지막 부분에서는 성궤의 무시무시한 힘이 나타나는데, 그것은 감독과 각본가가 완전히 새로 만들어낸

것이 아니라 어느 정도 『구약성서』에 기초한 것이었다. 성궤가 지닌 힘에 대해서는 『구약성서』의 「여호수아서」와 「사무엘기」에도 적혀 있다.

시작은 이집트를 탈출한 유대인 집단이 40년의 세월을 거쳐 가나안 땅으로 들어가는 때로, 이미 모세는 죽고 그의 부하였던 여호수아가 지도자가 되었다. 가나안으로 들어가려면 요르단강을 건너야 하는데 요르단강은 물살이 세고 넘쳐흘러서 건너가기가 매우 위험했다. 하지만 이때, 집단을 구성하는 12부족의 대표자가 성궤를 지고 나아가자, 일행이 지나가는 동안만 물의 흐름이 멈추고 강이 말라붙었다. 덕분에 그들은 무사히 가나안으로 들어갈 수 있었다.

가나안으로 들어간 일행이 먼저 노린 것은 여리고성이었는데, 이미 성문을 닫고 수비가 견고하여 힘으로 밀어붙이면 상당한 피해를 각오해야 했다.

그런데 이때, 신으로부터 여호수아에게 성을 함락시킬 수 있는 말씀이 전달된다. 그 말씀은, 숫양의 뿔피리를 든 일곱 명의 제사장(祭司長)들을 선두로, 성궤, 병사의 순서대로 서서 뿔피리를 소리 내어 불면서 성 주위를 한 번 도는 것이다. 이것을 엿새 동안 반복하고, 일곱째 날에는 같은 방법으로 일곱 번을 돈 후, 신호와 함께 일제히 함성을 지르라는 것이었다. 그렇게 하면 성벽은 무너질 것이라고 했다. 작전대로 하자, 정말 성벽이 무너지고 그들은 어렵지 않게 마을을 점령할 수 있었다.

그 후 성궤를 유대인의 원수인 페리시테인이 빼앗아 간 적이 있었는데, 그들은 그것을 전리품으로 아스돗 마을의 다곤이라는 신전에 두었다. 그런데 하루가 지나자, 다곤 신상이 앞으로 쓰러져 있었다. 고개를 갸웃거리며 원래 상태로 돌려놓았지만 다음 날, 이번엔 머리와 손발이 잘려나간 채 쓰러져 있었다. 게다가 온 마을에 이상한 병이 퍼지고, 모두가 종기로 고생하게 되었다. 페리시테인의 지배자들은 이것을 성궤의 힘 때문이라고 생각하고 카데 마을로 옮겼으나, 성궤의 힘은 점점 강해져서 이곳에도 이상한 병이 퍼졌다. 공포에 빠진 페리시테인은 점술사에게 물어, 성궤를 유대인에게 돌려주기로 결정하고 소달구지에 실어서 국경 근처에 갖다놓았다.

성궤를 받은 이들은 국경 근처의 베테슈메슈 마을 주민으로, 그들은 산 제물을 바치고 신에게 감사했다. 하지만 그때, 중대한 금기를 어기고 만다. 뚜껑을 열고 궤 안을 들여다보고 말았던 것이다. 그 즉시 천벌이 내려, 50만 명이 넘는 마을 주민이 죽임을 당했다. 가령 나쁜 뜻이 없어도 행동에 따라 그에 맞는 벌이 내려지고 정상참작의 여지도 없었던 것이다. 그것이 바로 신, 두려운 성궤의 힘이었다.

대제국 아케메네스 왕조가 번영한 까닭은?

역사상 오리엔트 전체를 통일한 몇몇 나라와 왕조 중에서 최초로 그것을 이뤄낸 것은 기원전 7세기 중엽의 아시리아이다. 하지만 아시리아가 기원전 7세기 말에 멸망하자, 오리엔트는 이집트, 리디아, 신바빌로니아, 메디아의 네 나라로 분열되었다. 그러다 기원전 6세기 중엽 메디아에서 나타난 세력에 의해서 오리엔트의 재통일이 이루어졌는데, 그들이 아케메네스 왕조 페르시아이다. 아케메네스는 그리스어 발음인 '아카이메네스'에서 변한 것으로, 당시의 페르시아어로는 '하카마니시'라고 한다. 또한 페르시아라는 이름도 그들의 출신지인 파루스(이란 서남부의 파루스 지방)의 그리스식 발음으로, 당시 페르시아인이 스스로 칭한 것은 아니다. 하지만 이 책에서는 편의상, 아케메네스 왕조 페르시아라는 호칭을 쓰기로 하겠다.

아케메네스 왕조는 기원전 6세기 중엽, 키루스 2세(재위 기원전 559년~기원전 529년)의 통치 아래 메디아로부터의 독립을 이뤄내고 얼마 지나지 않아 메디아, 리디아, 신바빌로니아를 합병했다. 이어, 캄비세스 2세(재위 기원전 530년~기원전 522년) 때 이집트를 정복, 그가 죽은 후 잠깐의 혼란을 거쳐 질서 회복을 이룬 다리우스 1세(재위 기원전 522년~기원전 486년)에 의해 대제국의 통치 체제가 완성되었다. 아시리아는 무력에만 기댄 군사국가로 알려져 있고, 피지배 민족을 강제 이주시키기도 했다. 그 탓인지, 대제국을 이룬 후부터 멸망까지의 시기가 빨랐다. 그에 비해 아케메네스 왕조는 이집트 이외의 오리엔트 땅을 거의 200년 넘게 계속 지배했다. 대체 아시리아와 아케메네스 왕조의 통치에는 어떤 차이가 있었을까?

첫 번째로 관대함을 들 수 있다. 아시리아와 신바빌로니아가 피지배 민족을 강제로 이주시켰던 것과 달리, 아케메네스 왕조는 그들이 원래 소유지로 돌아가는 것을 허락했다. 강압적인 정치로부터의 해방자로서 행동했던 것이다. 또한 아시리아와 마찬가지로 모든 국토를 군 관리구역으로 나눠 다스릴 수도 있었지만, 아케메네스 왕조는 전 국토를 스무 개의 행정구역으로 나누고, 각각 페르시아인이나 메디아인 왕후 귀족으로 구성된 총감독을 두었다. 그리고 그들에게는, 피지배 민족이 납세와 군역의 의무를 지키는 한 그 지역의 관습, 종교, 언어, 법 등을 자유롭게 누릴 수 있도록 했다. 그러므로 큰 반발이 발생하는 일도 없었고, 만에 하나 반란이 일어났을 때도 즉각 대응할 수 있는 체제를 갖추고 있었다. 거기서 힘을 발휘한 것이 스사에서 소아시아 서부의 사르디스 사이를 비롯해, 주요 도시 사이에 둘러쳐진 간

선도로 '왕의 길'과 그것을 이용한 역참 제도였다. 걸어서는 3개월 이상 걸리는 길도, 말을 바꿔가며 달려가면 일주일 정도에 갈 수 있었다. 봉화보다 느리기는 하지만 훨씬 복잡하고 많은 정보를 보낼 수 있었다. 그런 대비가 있었기 때문에 아케메네스 왕조는 알렉산더 대왕이 나타날 때까지 생명을 유지할 수 있었던 것이다.

예루살렘이 성지가 된 이유는?

기독교와 이슬람교도 그렇지만, 유대인은 그 이상으로 예루살렘에 집착한다. 그 이유는 예루살렘을 최대의 성지로 보기 때문이다. 그렇다면 왜 예루살렘이 최대의 성지인 걸까? 그 이유는 두 가지이다.

첫 번째는, 예루살렘이 유대인의 시조가 되는 아브라함과 관련된 곳이기 때문이다. 예루살렘 성내의 남동부에는 약간 높은 언덕이 있는데, 현재 그곳 중앙에는 황금색 돔을 올린 '바위 돔'이라 불리는 이슬람의 성소(聖所)가 세워져 있다. 이슬람의 창시자로, 마지막이자 가장 위대한 예언자인 무함마드와 관련된 성스러운 바위를 덮기 위해 만들어진 건축물이다. 그 바위에는 두 개의 웅덩이가 있는데, 무함마드의 발자국으로 여겨지고 있다. 그런데 유대교에서는 같은 바위를 다른 의미로 숭상하고 있다. 아브라함이 자신의 아이 이삭을 희생해서 바치려고 했던 장소라는 것이다.

아브라함의 정실부인 사라는 아이가 들어서지 않아 고민하고 있었는데, 고령의 나이에 드디어 이삭을 가지게 되었다. 그러나 아브라함은 그렇게 기다렸던 아이를 자신을 위해 바치라는 신의 말씀을 듣는다. 아브라함은 이삭을 모리아산으로 데려가서 바위 위에 누이고 칼을 쳐들었다. 그 순간 멈추라는 신의 목소리에 이삭은 죽음을 면하고, 그 대신 근처에 있던 양이 산 제물로 바쳐졌다. 신은 아브라함의 신앙심이 어느 정도인지 시험해 보려고 했던 것뿐이었다.

이 모리아산이 예루살렘 남동부의 약간 높은 언덕이고, 이삭을 눕힌 바위는 무함마드의 발자국이 있다는 것과 같은 바위이다.

두 번째는, 예루살렘이 고대 유대인의 영광과 비극을 전해주는 유일한 산물이기 때문이다. 솔로몬왕 시대에 예루살렘에 세운 신전을 제1신전이라고 한다. 그 후, 기원전 722년에 이스라엘 왕국이 아시리아에 의해 멸망하고, 기원전 586년에는 유대 왕국이 신바빌로니아에게 멸망하면서, 그때 제1신전도 파괴된다. 신바빌로니아를 멸망시킨 아케메네스 왕조가 신전의 재건을 허락하여 새로운 신전이 만들어진 것이 기원전 515년으로, 이것을 제2신전이라고 한다. 기원전 1세기 전후, 헤로데 대왕 시대에 큰 폭으로 확장된 신전은 유대인의 상징이 되기도 했지만, 그것도 서기 70년 로마군에 의해 파괴되고 만다. 로마군은 보물을 모조리 약탈한데다 신전을 철저하게 파괴했다고 하는데, 이때 기적적으로 신전을 둘러싼 서쪽 벽 일부만이 남았다. 이것이 현재 '한탄의 벽'이라 불리는 벽이다. 즉, 한탄의 벽은 유대인의 영광과 비극의 양면을 지켜본 역사의 산 증인이기도 하다. 그런 까닭에, 오늘도 그 앞에 와서 성서를 낭독하거나 조용히 명상에 잠기는 사람이 끊이지 않는다. 모세가 십계를 받은 시나이산과 로마에게 끝까지 저항한 마사다 성채 등도 성지로 보고 있지만, 예루살렘에는 미치지 못한다. 그만큼 예루살렘에 대한 마음은 각별하다고 할 수 있다.

페트라 유적은 어떻게 생겨났을까?

양쪽으로 막힌 안벽을 올려다보며, 모세가 지팡이를 두드려 열었다는 좁은 길을 2킬로미터 남짓 가면, 갑자기 시야가 열리고 눈앞에 장밋빛 거대 건축물이 나타난다. 벼랑을 뚫어 만든 높이 약 30미터짜리로, 현지의 유목민이 '파라오의 보물'이라 부르는 알카즈네 신전이다. 그 앞에는 마찬가지로 거대한 왕의 무덤과 사원들이 서 있고, 줄지어 선 기둥과 큰 길, 원형극장의 흔적도 볼 수 있다. 이 유적 전체를 페트라라고 한다. 페트라가 있는 곳은 요르단 하시미테 왕국의 남부로, 역사가 깊어서 『구약성서』에도 셀라(그리스어로 바위라는 뜻)라는 이름으로 등장한다. 문자 그대로 다양한 색의 바위로 덮여 있고, 그것을 이용해 만들어진 마을이다. 지중해 무역의 중계 도시로 번영한 페트라의 전성기는 기원전 100년경부터 200년 남짓한 동안이었다. 서기 106년 로마제국으로 합병되자, 최대의 대상도시(한 줄의 도로를 따라서 길쭉한 띠 모양으로 형성된 도시)로서의 지위를 시리아의 팔미라에게 빼앗기고, 어느샌가 아무도 살지 않게 되었다. 1812년에 스위스의 탐험가 부르크하르트에 의해서 발견되기 전까지는 모래 밑에 묻혀 기억의 저편으로 내몰렸었다.

현재, 요르단 최대의 관광자원이 된 페트라 유적은 어떤 민족이 세웠을까? 오리엔트 역사를 채색한 민족은 언어학상의 분류로 보자면 주로 셈어족과 인도유럽어족이다. 셈어족의 셈이라는 것은 방주 전설로 알려진 노아의 아들 셈에서 유래되었는데, 헤브라이어, 아라비아어, 아카드어, 페니키아어, 아랍어 등은 모두 이 셈어족에 속한다. 그들은 본래 아라비아 반도에 거주하고 인구가 포화 상태를 맞을 때마다 북방으로 집단 이주를 했다고 한다. 페트라에 크고 멋진 도시를 만든 것은, 이 셈어족으로 분류되는 나바테아인이었다. 그들의 이름은 기원전 4세기 말에 처음으로 역사 속에 등장하는데, 알렉산더 대왕이 죽은 후 이 지방에 쳐들어온 마케도니아인의 기록에서이다. 당시 아직 유목을 생업으로 했던 나바테아인에게 페트라는 재산을 숨기는 장소에 지나지 않았지만, 이윽고 유목 생활을 버리고 그곳을 수도로 하여 왕국을 건설한다. 상업민으로의 변화를 꾀해 페트라를 동서 세계를 잇는 엄청난 대상도시로 키워냈던 것이다.

마케도니아인과의 접촉 이래, 그들은 적극적으로 헬레니즘 문화 흡수에 힘썼다. 나바테아 왕국의 실질적인 창건자인 하레타트 3세 등은, 자신이 명령해 발행한 화폐에 '필헬레네(그리스 애호가)'라는 문구를 새겼다. 또한 헬레니즘 문화의 영향은 알카즈네를 비롯한 건축물에서도 뚜렷이 나타난다. 페트라를 중계지로 하는 무역품 중에서 가장 비쌌던 것은 이집트와 로마 등 지중해 세계의 제사 의식에서 빼놓을 수 없는 유향(나무기름에서 얻은 향료)이었다.

페트라의 번영은 다른 나라의 신들에 의해 지탱되고 있었다고 말해도 과언이 아니다. 나바테아 왕국은 로마의 장군 카이사르의 요청에 답해 카이사르가 이집트 원정을 떠날 때 즈음해서 기병을 제공하고, 로마의 이집트 총감이 남아라비아 원정을 갈 때도 전면 협력하고, 유대 전쟁(66~73년) 때도 지원군을 파견하는 등, 로마와는 친밀한 관계를 유지했다. 그러던 것이 왜 멸망에까지 이르렀는지, 현재까지도 커다란 수수께끼로 여겨지고 있다.

CHAPTER 2
신비의 제국,
이집트 문명의 수수께끼

이집트는 나일강이 준 선물이다?

이집트 문명은 메소포타미아 문명과 마찬가지로 큰 강 유역에서 탄생한 문명이면서도 다른 큰 특징이 있다. 그것은 큰 강이 홍수에 의해 재앙을 초래하는 일이 거의 없었다는 점이다. 이집트를 가로질러 흐르는 나일강은 총 길이 약 6,671킬로미터로, 상류는 백나일강과 청나일강으로 나뉘고, 백나일강은 중앙아프리카에 있는 빅토리아 호수에서, 청나일강은 에티오피아의 타나 호수에서 흘러나온다. 느긋하게 흐르는 이 큰 강은, 매년 정해진 시기에 물이 불어나기 시작하고, 또 정해진 시기에 줄어든다. 이에 대해, 그리스의 역

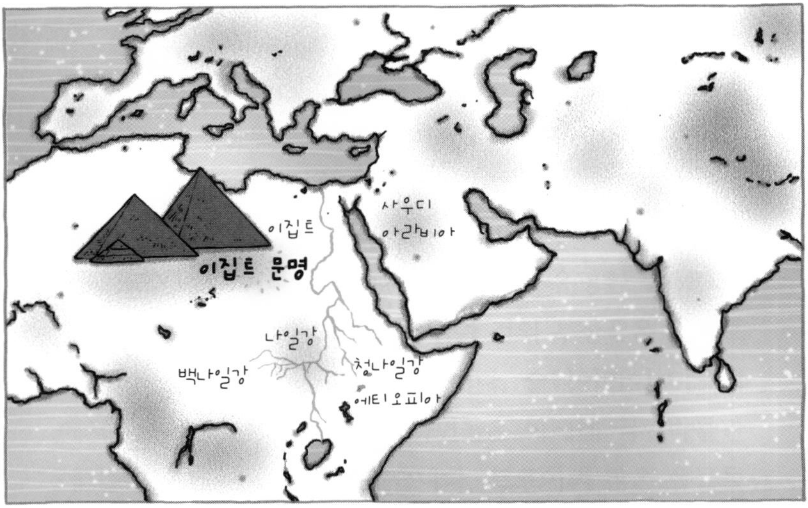

사가 헤로도토스는『역사』에서 다음과 같이 말하고 있다.

나일의 물이 불어날 때는 동서 양쪽이 각각 이틀 걸려 건널 정도로 폭이 범람한다. ……하지를 기점으로 100일 동안에 걸쳐 물이 불어나 범람하고, 이 날수에 이르면 수위가 내려가기 시작해서 다시 하지가 돌아올 때까지 겨우내 물이 줄어든다. 매년 농한기, 즉 6월경부터 9월경까지 아주 천천히 물이 불어나서 농경지를 덮고, 다시 아주 천천히 물이 줄어서 씨를 뿌리는 계절까지는 농경지를 원래의 상태로 돌려놓는 것이다. 상류에서 영양분이 풍부한 흙이 흘러내려 와 이것이 천연비료가 되고, 그 뒤엔 씨만 뿌리면 풍작이 약속되었다. 이런 연유로 '이집트는 나일강의 선물'이라는 말이 생겨났다. (헤로도토스는 이 말을 인용한 것일 뿐, 처음 쓴 사람은 그의 선배로『이집트사』를 지은 헤케타이오스라고 한다.)

고대 이집트 문자의 해석은?

고대 이집트 문자라고 하면 히에로글리프(신성문자 神聖文字 · 성각문자 聖刻文字)가 유명하다. 이 문자가 쓰이게 된 것

은 기원전 3000년경의 일로 후세가 되면, 이것의 흘림자서체인 히에라틱(신관문자)과 데모틱(민중문자)도 쓰이게 된다. 그러나 4세기 말 이후, 그리스인 왕조로 이어지면서 쓰이지 않게 되었고, 그 의미조차 알 수 없게 되고 말았다.

한 번 잃어버렸던 문자는 나폴레옹의 이집트 원정을 계기로 되살아나게 된다. 1799년, 원정군의 사관이 지중해 연안의 마을 로제타에서 돌 비석 한 조각을 발견했다. 이른바 '로제타스톤'이다. 로제타스톤은 상중하 세 부분으로 되어 있는데, 상단은 히에로글리프, 중단은 데모틱, 하단은 그리스 문자로 적혀 있었다. 그리스 문자 부분으로부터 그것이 기원전 196년에 왕의 알리는 글이라는 것을 알았다. 하지만 같은 내용이 적혀 있으리라 생각되는 히에로글리프와 데모틱의 해석은 국경을 넘어 많은 학자가 도전했음에도 불구하고 진전이 없었다. 데모틱이 히에로글리프의 필기체라는 것을 알게 된 것은 먼 훗날의 일이다.

일련의 수수께끼를 밝혀낸 사람은 프랑스가 낳은 젊은 천재, 샹폴리옹(1790~1832년)이었다. 그는 1809년부터 해석 작업에 들어가 오랜 세월의 어려움 끝에 그것이 표음문자와 표의문자의 조합이라는 것을 깨닫고 드디어 1822년, 해석에 성공했다. 다만, 돌 비석이 만들어질 당시의 이집트인 중에서 얼마나 많은 사람이 그것을 읽을 수 있었는지는 알 수 없었다. 당시에 글을 읽을 수 있던 사람은 총인구의 5퍼센트라고도 혹은 0.4퍼센트라고도 전해진다. 읽고 쓰기에 능숙한 서기라는 직업은 매우 엘리트 직업이었던 것이다.

피라미드라고 다 똑같은 모양이 아니다?

고대 이집트의 시대를 구분하는 방법에는 두 가지가 있다. 하나는 기원전 3000년경에 이루어진 최초의 이집트 통일부터 기원전 30년에 로마에 의해 멸망된 프톨레마이오스 왕조까지를 31개의 왕조로 나누어 보는 견해이고, 다른 하나는 고 왕국시대, 중 왕국시대, 신 왕국시대로 번영기에 따라 나누는 견해이다. 양자의 대응관계는 다음과 같다.

초기 왕조시대	제1~2왕조
고 왕국시대	제3~6왕조
제 1중간기	제7~11왕조
중 왕국시대	제11~12왕조
제 2중간기	제13~17왕조
신 왕국시대	제18~20왕조
제 3중간기	제21~25왕조
말기 왕조시대	제25~30왕조
프톨레마이오스 왕조	제31왕조

이 시기 중 피라미드가 건설된 때는 고 왕국시대이다. 피라미드의 형태가 처음부터 일정했던 것은 아니다. 오래된 시대부터 순서대로 세 개의 피라미드를 소개해보자.

첫 번째는 제3왕조의 2대 왕인 조세르왕 때 세워진 계단식 피라미드이다. 장소는 초기 왕조 이래 이집트의 수도였던 멤피스의 묘역(네크로폴리스), 사카라였다. 그 이름대로 여섯 개의 직육면체가 계단 형태로 쌓아 올려져 있다. 높이 약 60미터, 기저부(基底部)는 동서 약 140미터, 남북 약 118미터이다. 덧붙여 이 피라미드 건축의 총지휘를 맡은 사람은 임호텝으로, 영화 〈미이라〉에서 악역으로 나오기도 했던 인물이다. 현실의 그는 '이집트 왕의 재상, 이집트 왕의 다음 자리에 있는 자, 헬리오폴리스의 고등제사장, 수석건축가'라는 직위를 가진, 파라오를 제외하고는 유일하게 신격화된 뛰어난 인물이기도 하다.

다음으로 얘기할 것은 사카라의 남쪽 다흐슈르에 있는 굴절 피라미드이다. 제4왕조의 초대 스네페르왕 시기에 만들어졌고, 만들 당시의 높이는 약 105미터, 기저부 길이는 한

변이 약 183.5미터였다. 그 이름처럼 중간부터 경사 각도가 변한다. 아래쪽은 54도 27분인데, 중간부터 그 위로는 43도 22분으로, 완만한 경사로 바뀌는 것이다. 덧붙여, 스네페르의 다음 왕인 쿠후왕이 세운 파라미드는 경사 각도가 51도 50분으로 딱 중간을 취하고 있다. 피라미드를 굴절시킨 이유는 명확하지 않아서, 도중에 무너질 것 같았기 때문이라는 설도 있는가 하면, 왕이 죽을 때가 다가오는 등의 갑작스런 이유로 공사를 서둘렀기 때문이라는 설도 있다.

그리고 마지막으로 소개할 것은, 마찬가지로 스네페르왕 시기에 다흐슈르에 세워진 붉은 피라미드로, 그 명칭은 붉은색을 띤 석재가 사용된 것에서 유래한다. 만들 당시의 높이는 약 104미터, 기저부의 길이는 한 변이 약 220미터이고, 경사 각도는 위아래 모두 43도 22분이다. 이것은 이것대로 충분히 아름답고 아무런 문제가 없는 것처럼 보이지만, 그 후에 만들어진 피라미드의 경사 각도는 전부 51에서 54도인 것으로 보아, 당시의 이집트인에게는 붉은 피라미드의 각도가 마음에 들지 않았던 것으로 보인다.

그런데 시대를 거슬러 올라가 보면 이집트 최초의 거대 건축물은 피라미드가 아니다. 이보다 앞서, 피라미드의 원형이 되는 마스타바 묘라 불리는 것이 만들어졌는데, 마스타바는 아라비아어로 직육면체의 긴 의자라는 뜻으로 그 모양에서 명칭이 유래되었다. 위쪽이 예배실이고 지하에 매장실이 있는 형태로 초기 왕조시대부터 중 왕국시대 말까지 지어졌다. 구조상 높은 층은 만들 수 없었다.

피라미드는 정말 왕의 무덤일까?

피라미드의 황금시대는 기자(이집트의 수도 카이로의 교외에 있는 도시)의 3대 피라미드가 만들어진 기원전 2500년 중엽부터 기원전 2400년 초이다. 고대 그리스의 역사가 헤로도토스도 피라미드에는 몹시 흥미를 가졌던 듯, 『역사』에 자세히 적고 있다. 그 일부를 적어보겠다.

이집트는 크게 번영했지만, 람프시니토스왕의 뒤를 이어 왕이 된 케오프스는 국민을 매우 비참한 상태에 빠뜨렸다고 사제(司祭)들은 말한다. 이 왕은 먼저 신전을 닫아버린 후 국민이 산 제물을 바치는 것을 금지하고, 이어 모든 국민을 강제적으로 왕을 위해 일하게 했다고 한다. 아라비아 산속에 있는 채석장에서 나일강까지 돌을 운반하는 사람도 있는가 하면, 배로 강을 건너 맞은편에서 옮긴 돌을 받아서 리비아 산맥까지 끌고 가는 일을 명령받은 사람들도 있었다. 늘 10만 명이나 되는 사람이 3개월씩 돌아가며 힘든 일을 했던 것이다. 돌을 끌기 위한 도로를 건설하는 10년 동안에도 국민의 고통은 계속되었다고 한다. ……더욱이 그 10년 동안에는 도로 외에도 피라미드를 세울 언덕 중턱을 깎아 지하실도 만들었다. 이것은 왕이 자신의 무덤으로 만들게 한 것으로, 나일강에서 뚫은 굴을 통해 물을 빼내서 마치 섬처럼 독립시켰다. 피라미드 자체를 만드는 데는 20년이 걸렸다고 한다.

이 헤로도토스의 글로 보아, 피라미드는 파라오의 무덤이고, 강제적으로 사람들을 힘든 일에 동원시켰다고 생각했다. 하지만 현재 이 가설에는 여러 반론이 따른다. 한 명의 파라오가 여러 개의 피라미드를 만든 예를 볼 수 있고, 이제까지 피라미드 안에서 파라오의 미라가 발견된 예가 없기 때문이다. 애초에 헤로도토스의 글을 믿을 수 있는가 하는 것부터 문제가 된다. 헤로도토스는 현지 취재를 한 후에 글을 썼는데, 취재 대상이 먼 과거의 일을 정확히 전했는지 그것 또한 알 수 없다. 람프시니토스와 케오프스가 누구에 해당하는지는 알 수 없지만, 제4왕조의 파라오임에는 틀림없다. 그로부터 헤로도토스의 시대까지 2000년 이상의 틈이 있다. 이미 오래전에 피라미드를 만들지 않게 된 상황에서, 그것에 관한 정보가 정확히 전해졌는지 어떤지는 대단히 의심스럽다.

현재 피라미드 = 파라오의 무덤설, 강제노동설을 대신해 유력시되고 있는 것이, 1974년 영국의 쿠르트 멘델스존이 주장한 공공사업설이다. 피라미드의 용도는 특별히 아무래도 상관없었고, 만드는 것 자체가 목적이었다는 것이다. 나일강이 범람 중일 때, 일이 없는 농민들의 생활을 보장하기 위한 건설 공사였다는 주장이다. 그 가설을 증명이라도 하듯 쿠후왕 무렵에 건설된 신관의 무덤에서 다음과 같은 글이 새겨진 비석이 출토되었다.

"사람들에게 맥주와 빵을 나눠 주어 그들을 기쁘게 할 것을 보증한다."

또한 채석장에서 발견된 노동자의 낙서에서도 불평과 비명 같은 것은 보이지 않고, 파라오를 기리거나 기쁨에 넘친 말뿐이었다. 이상의 것들로부터 피라미드 건설이 강제가 아닌 공공사업이었을 가능성이 높다고 볼 수 있다. 하지만 용도가 무엇이든 상관없었다는 점은 좀 더 연구해야 할 문제다. 용도를 정하지 않고 공사를 시작하는 일이 있었을까? 앞으로 연구가 더 진행되어 보다 많은 수수께끼가 풀리기를 기대해본다.

파라오의 저주는 진짜일까?

카나본 경과 하워드 카터가 투탕카멘의 무덤을 발견한 것은 1922년 11월 26일이었다. 그리고 다음 해 4월, 카나본 경이 모기에 물린 상처가 원인이 되어 56세의 나이로 갑자기 죽었다. 카나본 경이 죽는 순간 카이로에서 원인을 알 수 없는 정전이 발생했고, 또한 같은 시각 영국에 있는 그의 빈 집에서는 기르던 개가 큰 소리로 짖으며 죽었다. 그뿐만 아니라 발굴에 관련된 사람들이 차례차례 죽어서 6년 동안에 그 수가 스무 명이 넘었다. 도화선에 불을 당긴 사람이 누구인지는 알 수 없지만, 어느샌가 그것은 '파라오의 저주'라 불리게 되었다. 투탕카멘의 잠을 방해했기 때문에 저주에 걸렸다는 것이다.

이에 대해, 과학적인 관점에서 반론을 시도해보는 사람도 있었다. 저주 따위는 있을 리 없고, 잇따라 사람이 죽은 것은 무덤에 봉쇄되어 있던 어떠한 병원균 때문이라는 것이다. 하지만 좀 더 직접적인 반론을 하는 사람도 있었다. 예를 들어 발굴 당사자인 카터는, "정상적인 정신 상태를 가진 사람이라면, 그런 지어낸 이야기는 경멸하고 흘려들어야 한다"라고 딱 잘라 말했다. 덧붙여, 그는 1939년에 죽었다.

미국의 이집트 학자 허버트 윈록이 조사한 바에 따르면,

왕의 무덤 발굴 후 10년 동안에, 무덤 개봉에 함께했던 스물여섯 명 중 사망한 사람은 여섯 명, 석관 개봉에 함께했던 스물두 명 중 사망한 사람은 두 명, 미라의 붕대를 풀 때 있었던 열 명 중 사망한 사람은 없다는 것을 알 수 있었다. 이것을 두고, 사람이 잇따라 사망했다고 해도 좋은 걸까? 원래 카나본 경이 이집트에 온 것은 독일에서 교통사고를 당한 후 따뜻한 곳에서 치료를 하기 위해서였다. 당연히 체력은 눈에 띄게 약해져 있었고, 그런 상태에서 수염을 깎다가 실수로 모기 물린 곳에 상처를 내고 말았다. 그곳으로 세균이 들어갔고 폐렴을 일으켜 갑자기 죽게 되었던 것이다. 또한 무덤 청소 작업 중에 건강이 나빠져서 죽었다는 카터의

조수 아서 메이스도 상당히 오래전부터 몸이 아팠던 사람으로 그 병을 무릅쓰고 작업을 하고 있었던 것이다. 이처럼 발굴로부터 10년 안에 갑자기 죽은 사람들은 건강에 문제가 있었거나 나이가 많았으므로, 그들의 죽음을 저주로 연결시키는 것은 무리가 있다.

이집트에서 믿었던 신은 모두 몇 명일까?

한마디로 이집트 신화라고 규정하기는 해도 지역과 시대에 따라 다양한 차이가 있다. 인기 있는 신도 다르고, 신들의 계보와 성격도 다르다. 예를 들어 오시리스와 세트 형제신 및 오시리스의 누이이면서 아내이기도 한 이시스, 그 사이에서 태어난 호루스를 축으로 전개되는 오시리스 신화만 보더라도, 고대 이집트의 모든 시대와 모든 땅을 통해 전해졌던 것이 아니다. 한정된 시기, 한정된 범위에서만 보급된 신화였다. 그런 가운데 비교적 유력했던 것이, 초기 왕조시대의 나일강 하류, 태양신 신앙의 중심지 헬리오폴리스로부터 퍼진 창세신화이다. 헬리오폴리스는 그리스식 이름이고, 고대 이집트어로는 이우누우, 『구약성서』에는 온이라는 이

름으로 등장한다.

헬리오폴리스 신화에 따르면, 최초로 나타난 신은 아툼으로, 이 신이 침을 날리거나 자위를 하는 것에 의해서 공기의 신 슈와 습기의 신 테후누트가 태어났다. 뒤이어 땅의 신 게브와 천공의 여신 누트가 태어났고, 게브와 누트 사이에서 중요한 네 명의 신, 오시리스, 이시스, 세트, 네프티스가 태어났다. 이 신들을 헬리오폴리스 아홉 신이라고 한다. 고 왕국시대가 되면서 아툼과 태양신 라가 동일시되어 '아툼라'라 불리기도 했는데, 나중에는 단순히 '라'라고만 불렀다. 아툼을 완전히 대신하게 된 형태이다.

다른 신들의 경우를 보면, 오시리스는 저승의 지배자가 된 일도 있는가 하면, 곡물이 나고 자라는 일을 맡는 풍년의 신이 된 적도 있었다. 이시스는 관(棺)의 수호신, 탄생의 신,

죽은 자가 다시 태어나게 이끄는 신이 된 적도 있으며, 신생아를 지키고 다친 아이를 고치는 신이 된 적도 있었다. 세트는 질투심으로 형 오시리스를 죽임으로써 사막, 무질서, 전쟁, 폭풍우 등의 화신으로 나타나고 있는데, 그래도 적지 않은 파라오가 높이 받들었다. 종종 매의 모습과 매의 머리를 한 사람의 모습으로 표현되는 호루스는 왕권의 수호신이었다. 네프티스는 관과 카노푸스 용기(미라의 내장을 넣는 용기)의 수호신으로, 날개 달린 여성과 사람 머리를 가진 매로서 표현되는 일이 많았다.

헬리오폴리스의 중요한 아홉 신과 호루스 이외에도 많은 신이 있었다. 그중에서도 유명한 것이, 검은색 승냥이 머리를 한 사람의 모습으로 표현되는 묘지의 수호신, 미라를 만드는 신관들의 수호신이었던 아누비스, 뿔 사이에 태양을 올린 황소의 모습으로 표현되는 신성한 소 아비스, 사자 손발에 악어 꼬리를 가진 임신한 하마의 모습으로 표현되는 임산부와 출산의 수호 여신 투에리스, 따오기의 머리를 한 사람의 모습으로 표현되는 달의 신 토토, 머리 위에 태양을 올린 여성 혹은 황소의 모습으로 나타내는 사랑, 음악, 무용의 여신 하트홀, 괴상한 얼굴을 가진 수호 정령으로 안전한 출산, 음악, 무용의 신이기도 한 베스 등이다. 또 신 왕국시대의 정치와 깊게 관련된 신으로서 아멘과 아톤을 들 수 있다. 아멘은 대기와 풍년의 신으로, 두 개의 날개를 단 남성 혹은 황소의 머리를 지닌 사람의 모습으로 표현되는 일이 많았다. 한편 아톤은 태양신으로서, 사람과 동물이 아니라 끝에 손이 붙은 광선을 가진 태양으로 표현되었다.

파피루스는 어떻게 만들까?

중국으로부터 종이 제조법이 전해지기 전까지 이집트에서는 몇천 년에 걸쳐서 파피루스라는 식물로 만든 종이를 사용했다. 파피루스는 일종의 대형 물풀로, 자라면 높이가 2~5미터 정도 된다. 파피루스 종이의 원료가 되는 것은 줄기 속의 섬유질 부분인데, 줄기를 잘라내 껍질을 벗기면 하얀 섬유질 부분이 드러난다. 그것을 직사각형 종이 상태로 잘라내 물에 담가 끈끈하게 붙는 성질을 가지게 한 후, 규칙적으로 끝이 조금씩 겹치도록 한 방향으로 놓는다. 이번엔 마찬가지로 그것과 직각으로 겹치도록 놓는다. 위아래 2단으로 다 놓으면 누름돌을 올려놓아 수분을 빼면서 말린다. 그리고 다 마르면, 표면을 평평하게 하기 위해 망치로 두드리거나 막대기로 문질러 완성한다. 파피루스는 종이 대용품으로만이 아니라, 옷감으로서도 이용되었고, 또한 줄기를 묶으면 작은 배를 만드는 재료도 되었다.

오늘날 이집트의 파피루스 종이는 관광객을 대상으로 한 토산물로 이용될 뿐, 야생 파피루스 종이는 더 이상 남아 있지 않다.

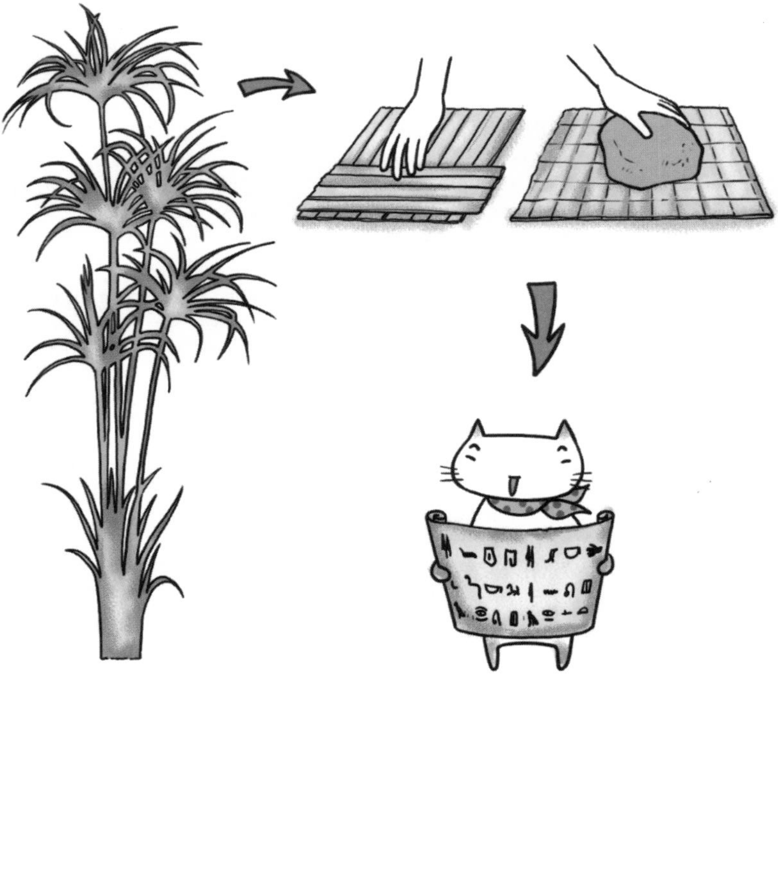

미라에도 명품이 있다?

고대 이집트인은 현재 살아 있는 세상을 하나의 통과점으로 보아서, 죽은 사람의 영혼은 저승에서 재판을 받아야 한다고 생각했다. 그것을 잘 피하고 다시 여러 시련을 뛰어넘으면 낙원으로의 부활, 재생이 이루어져 영원한 생명을 누릴 수 있다고 믿었다. 미라 제조는 그것을 기원한 상징적인 의식이라 할 수 있다. 역사의 아버지 헤로도토스의 글을 통해 사람이 죽어서 미라가 될 때까지의 과정을 따라가 보자.

유명한 사람이 죽었을 경우, 그 집의 여자들은 시체를 집에 남겨둔 채, 머리를 완전히 둥글게 하든가 얼굴에 진흙을 바르고 옷을 벗고는 자신의 가슴을 치며 온 마을을 천천히 걷는다. 같이 살지 않더라도 죽은 사람과 연이 있는 여성은 모두 여기에 동행해야 한다.

한편, 남자들도 마찬가지로 옷을 벗고 가슴을 두드려 슬픔을 표현한다. 그것이 끝나면 시체를 미라 장인에게 건네고, 유족은 먼저 세 종류의 완성 견본을 보게 된다. 종류를 고른 후 가격 타협이 이루어지면 유족은 그 자리를 떠나고 이제부터는 장인들의 일이다. 세 종류라는 것은 특상 · 상 · 보통의 구별로, 그것에 따라 금액, 작업 일수, 과정, 쓰는 재료 등이 전부 달라진다.

특상의 경우, 먼저 끝이 둥근 갈고리를 이용해 콧구멍으로부터 뇌를 끄집어낸다. 그리고 날카로운 돌로 옆구리를 잘라서 심장 외의 내장을 전부 꺼낸다. 꺼낸 내장을 야자유로 씻은 후, 향료를 갈아 으깬 것으로 깨끗이 해서 카노푸스 용기에 보관한다. 이어 뱃속에 갈아 으깬 몰약(천연고무 수지, 미르라라고도 한다)과 계수나무, 유향, 향료 등을 담고, 열었던 곳을 꿰맨 뒤 시체를 그대로 천연 소다수에 담가둔다. 70일이 지나면 꺼내어 씻어서, 질 좋은 천으로 만든 붕대로 온몸을 감고 그 위에 고무를 발라서 완성한다. 특상 미라는 죽음과 재생의 신인 오시리스의 모습을 본뜬 것으로 여겨진다.

오시리스는 땅의 신 게브와 천공의 여신 누트 사이에서 태어난 자식이다. 이집트 왕으로서 바른 정치를 펴지만, 동생인 세트에게 살해되어 토막이 난 채 뿔뿔이 내던져진다. 누이이자 아내이기도 한 이시스가 조각난 시신을 수습해 연결하고 맞춰주어 미라로서의 부활을 이루는데, 그때 첫째 아들 호루스를 이집트 왕으로 세우고 자신은 영원한 생명을 얻어 저승의 지배자가 된다. 그 때문에 오시리스를 그림으로 나타낼 때는 보통 붕대를 감은 미라의 모습으로 표현한다.

특상을 부탁할 수 있을 정도로 부유하지 않은 집의 경우에는 상을 고른다. 상의 경우, 먼저 주입기를 이용하여 삼목에서 뺀 기름을 배에 가득 채운다. 배도 가르지 않고 내장도 꺼내지 않는다. 그리고 기름이 새지 않도록 항문에 마개를 꼽고 소다수에 담가두었다가, 70일이 지나면 넣었던 기름을 몸 밖으로 빼낸다. 여기까지 끝나면, 장인은 더 이상 아무것도 하지 않고 그대로 주문한 사람에게 건넨다. 특상과 비교하면 그 차이가 확실해서, 수고와 필요 경비가 큰 폭으로 줄어든다.

상이 이렇다면, 보통은 어떻게 하는 것일까? 보통은 특상과 비교하면 대충이라고밖에 말할 수 없다. 설사약을 이용해 장 속을 청소한 후 소다수에 담가뒀다가 70일이 지나면 그걸로 완성이다.

파라오가 돼지고기를 먹지 않은 이유는?

파라오를 비롯해 이집트 상류 계급 사람들의 식생활은 무덤 벽화와 부장품을 통해 대강 알 수 있다. 음료는 맥주와 와인, 주식은 빵이 기본이었다. 맥주는 일반 서민들도 마셨지만, 와인은 상류 계급에 한정되었던 것 같다. 부식은 고기, 생선, 야채, 과일 등 상당히 종류가 풍부했고, 고기는 말, 양, 염소 외에 집오리, 기러기, 비둘기, 메추라기, 들오리, 거위 등을 먹었다. 돼지는 세트와 동일시했기 때문에 상류 계급 사이에서는 금기시되었다. 생선은 나일강과 호수, 늪에서 잡히는 것은 무엇이든지 먹었던 것 같다. 야채 중에서 가장 중요하게 여겼던 것은 양파로, 이것 외에는 오이, 양상추, 부추, 양배추, 마늘, 무 등을 먹었다. 콩 종류도 풍부해서, 현재도 일상 식탁에 놓이는 병아리콩, 렌틸콩, 누에콩, 로커스트콩 등은 고대부터 인기 재료였다고 생각된다. 과일을 보면 대추야자 열매, 무화과, 포도는 선 왕조시대부터 먹었고, 석류, 메론, 수박, 사과, 배, 건포도, 복숭아, 올리브 등의 역사는 그보다 짧다. 이 외에 우유와 달걀도 먹었고, 식용유는 참깨, 아몬드, 올리브 등 다양한 것으로 만들었으며, 조미료로는 소금, 시나몬 등이 사용되었다.

패션의 필수 아이템이 가발이었다?

이집트에 가서 무덤 벽화와 출토된 사람의 상(像)을 보면, 여성이 모두 눈화장을 진하게 하고 있다는 걸 알 수 있다. 이것은 멋과 동시에 벌레를 막고 마귀를 쫓는 의미도 있었다고 여겨진다. 또한 온몸에 향기로운 냄새가 나는 기름을 바르는 것도, 멋을 냄과 동시에 건조함으로부터 피부를 지키기 위한 가장 적절한 방법으로 널리 행해졌다. 보석, 금, 유리 등의 장신구를 몸에 다는 것은 상류 계급 부인들로 한정되었던 것 같다.

한편, 남성의 멋 내기라고 하면, 상류 계급의 남자는 권위의 상징으로서 가짜 수염을 붙이는 것이 보통이었는데, 이것은 파라오의 모습 등에서 뚜렷이 볼 수 있다. 이에 비해 가발은 남녀 상관없이 멋 내기의 필수 아이템으로서, 멋에 대한 감각이 가장 고스란히 드러나는 것이기도 했다. 해 가리개의 용도로 즐겨 썼는데, 어떤 가발을 썼느냐에 따라서 그 사람의 신분을 추측했다.

왕위 계승은 장남이 아니라 장녀였다?

파라오는 고대 이집트 왕의 호칭으로, 『구약성서』에서는 파로라고 한다. 고대 이집트어인 페르-오(성스러운 권좌)에서 유래된 것으로, 파라오는 그리스식 발음이다. 고대 이집트 시대 전체가 그랬는지는 정확하게 밝혀진 바 없지만 적어도 신 왕국, 제18왕조시대(기원전 1570년~기원전 1293년경)의 왕위 계승은 본처의 장남이 잇는 형태는 아니었다. 정통 왕가의 피를 이은 여성, 그것도 본처가 낳은 장녀를 아내로 맞는 것이 절대조건이었던 것이다. 왜 그와 같은 관습이 생겼는지는 알 수 없다. 피의 진함을 가장 중요시했던 것일까?

여하튼, 이 같은 관습이 있었기 때문에 다음 항목에서 살펴볼 하트셉수트도 이복 형제와 결혼해서 그 남편(투트모세 2세)이 먼저 죽자, 남편과 첩 사이에서 태어난 의붓아들(투트모세 3세)과 재혼한다. 본처의 장녀였기 때문에 이 같은 운명을 지녔던 것이다. 또한 유명한 투탕카멘은 파라오와 첩 사이에서 태어난 아이였기 때문에 본처의 딸 앙케세나멘, 즉 이복 형제와 결혼함으로써 즉위가 이루어졌다.

여성 파라오도 과연 있었을까?

18세기까지는 그리스인 왕조시대를 제외하면, 고대 이집트에 여성 파라오는 존재하지 않았다고 믿었다. 문헌 기록에도 보이지 않았고, 현지에 남겨진 상(像)에도 여왕의 것을 볼 수 없었기 때문이다. 그런데, 프랑스인 샹폴리옹이 히에로글리프 해석에 성공한 것을 계기로, 드디어 여왕의 존재가 확인되었다. 벽화와 상을 제작할 때, 여왕이어도 파라오는 남성의 모습으로 그리는 것이 원칙이었던 것 같다.

또한 하트셉수트에 관해서는 돋을새김과 비석에 새긴 글에서 의도적으로 그 모습과 이름을 지우는 일이 행해졌다. 그 존재를 없애버리려는 증오에 찬 행위가 이루어졌던 것인데, 그 명령을 내린 것은 하트셉수트의 의붓아들이자 두 번째 남편이기도 한 투트모세 3세였다. 투트모세는 왜 그런 짓을 한 것일까? 이야기는 두 사람이 결혼한 때로 거슬러 올라간다. 선왕 투트모세 2세가 세상을 떠났을 때, 적자인 투트모세 3세는 아직 어렸다. 그래서 하트셉수트는 그와 결혼함과 동시에, 대신 정치를 도맡아 했다. 형식상으로는 투트모세가 파라오였지만 즉위 후 7년째, 하트셉수트는 스스로를 파라오라고 선언한다. 고대 이집트 사상 첫 여왕의 탄생이었다. 비석에 새겨진 글 등에서는 그녀와 투트모세의 공동정치라고 하지만, 실제로는 여왕의 시대일 뿐이었다. 투트모세가 자신의 입장을 깨닫고 정치에 참여하게 된 것은 형식적인 즉위로부터 15년 정도 지나서이고, 완전하게 단독 정치를 하게 된 것은 22년째 되던 해의 일이었다.

그사이의 자세한 과정은 알 수 없지만, 투트모세가 하트셉수트에게 심한 증오심을 안고 있었던 것은 분명하다. 투트모세는 하트셉수트의 존재를 없애도록 명령함과 동시에, 그녀와는 전혀 반대되는 정책을 추진했다. 하트셉수트의 통치가 전쟁 없고 평화로운 번영을 누린 시대였던 것에 비해, 투트모세는 약 20년 동안 팔레스티나와 누비아(현재의 수단) 원정을 17차례나 실시한다. 마치 외국으로 원정을 떠나서 자신의 분함을 풀려고 했던 것 같다.

투트모세는 하트셉수트의 모습과 이름은 없앴지만 그녀가 만든 건물은 부수지 않았다. 그중에서도 유명한 것은 테베(현재의 룩소르)에 남아 있는 하트셉수트 장제전(암벽을 파서 만든 3층짜리 큰 규모의 건축물, 제사를 지내기 위한 곳)과 오벨리스크(고대 이집트에서 태양을 숭배해 만든 기념비)이다. 오벨리스크를 세울 수 있는 것은 파라오에게만 허락된 사업으로, 하트셉수트의 오벨리스크는 카르나크의 아몬 대신전 안에 있다. 아스완산의 화강암 돌 하나로 만든 높이 약 30미터짜리로, 이집트에 현존하는 오벨리스크 중에서 가장 큰 것이다. 한편 하트셉수트 장제전은 1997년 11월 외국인 관광객을 노린 테러 사건으로 단번에 유명해졌다. 이곳에는 여왕 시대의 번영을 말해주는 돋을새김이 많이 남아 있는데 그중에서도 가장 눈길을 끄는 것이 분토와의 무역을 나타낸 것으로, 분토는 현재의 소말리아에 해당한다. 그곳에서는 이집트 제사에서 빼놓을 수 없는 유향과 향나무가 운반되어 왔다. 돋을새김에는 분토의 풍경과 향나무를 옮기는 장면이 자세히 그려져 있어서, 그것이 얼마나 중요하고 기념해야 할 사업이었는지를 엿볼 수 있다.

모세 이집트 탈출의 진실은?

영화 〈십계〉는 『구약성서』의 이집트 탈출을 충실히 재현하고 있다. 그에 따르면, 노아의 8대 자손 아브라함의 14대 자손인 요셉은 이집트에서 성공을 거두고, 겨레를 가나안으로 불러들였다. 몇 세대를 거쳐 그들의 자손이 늘어나자, 이집트인들로부터 위협을 받아 노예가 되고 말았다. 이 무렵에 그들은 헤브라이인이라 불렸는데, 그중 모세라는 남자가 신으로부터 백성을 이끌라는 명령을 받았다. 처음에 파라오는 헤브라이인들의 해방을 거부했고, 여러 가지 천벌이 내려도 생각을 바꾸려 하지 않았다. 그러나 사람과 가축을 가리지 않고 처음 태어난 아이가 모조리 죽임을 당하는 천벌이 내려지자, 결국 헤브라이인의 해방과 출국을 허락했다. 그러나 얼마 지나지 않아 마음이 바뀐 파라오는 추적 군대를 보내는데, 모세 일행은 바다가 둘로 갈라져 생긴 마른 길을 빠져나와 앞으로 나아갔다. 파라오의 군대도 그곳을 빠져나가려 했지만, 길을 다 건너기도 전에 바닷물이 원래대로 돌아와 파도가 모든 군대를 삼키고 말았다. 이상이 이집트 탈출의 큰 줄거리이다.

현재까지 이것을 그대로 사실로 받아들이는 의견도 있고,

어디까지나 신화로 받아들이는 의견, 또 어느 정도는 사실이 반영되었다고 보는 의견이 있다. 세 번째 생각은, 지진과 화산의 폭발에 의해 일시적으로 바다나 호수의 물이 빠진 후 대홍수가 찾아왔고, 이 같은 천재지변이 헤브라이인이 이집트에서 도망친 때와 우연히 겹쳐졌다고 보는 것이다. 혹은, 본래는 따로따로 일어난 일이었지만 어느샌가 하나로 합쳐졌을 가능성도 생각할 수 있다. 기원전 15세기 중엽, 에게해 남부의 산토리니 섬에서 역사상 가장 큰 화산 분화가 일어났는데, 이것은 당연히 주변 지역에 다양한 영향을 미쳤을 것이다. 800킬로미터 떨어진 이집트에서 이상한 썰물과 대홍수가 일어났다 해도 이상하지 않다. 모세의 이집트 탈출이 어느 정도 역사적 사실이 반영된 것이라면, 그 시기는 대분화가 일어난 시기와 겹쳐질까? 이것을 생각하는데 참고가 되는 것이, 히크소스라 불리는 아시아계 이민족의 존재이다. 히크소스는 제2중간기에 아시아에서 공격해 와서 이집트 북부에 세력을 뻗쳤고 제15왕조를 세웠다. 그들은 지배권 강화를 위해서 아시아로부터의 이민에 힘썼다고 생각되는데, 그 속에 헤브라이인의 선조가 있지 않았을까? 히크소스는 아시아에서 온 이민족을 정성껏 대접했으나, 그들이 무너지고 이집트인 왕조가 다시 일어나면서 이민자들에 대한 대우도 변했다. 노예가 되는 경우도 있었을 것임이 틀림없다.

또한 신 왕국시대의 제18왕조 때 일어난 종교개혁과 모세가 관련이 있다고 보는 의견도 있다. 아멘헤테프 4세(재위 기원전 1350년~기원전 1334년)는, 테베의 아멘라 신의 신관단이 큰 힘을 가진 것을 싫어해서 아케트 아톤이라고 이름 붙인 새로운 수도를 세우고, 신을 아톤 신 하나만 모시는 상당히 대담한 개혁을 실행했다. 자신의 이름도 아멘헤테프(아멘 신은 만족한다)에서 아크나톤(아톤 신에게 공헌하는 자)으로 고쳤다. 다신교에서 일신교로의 개혁은 그의 죽음과 함께 끝나지만, 그래도 일신교를 유지하려고 했던 자들은 나라를 떠나는 길을 선택했다. 모세의 이집트 탈출에 이것이 반영되고 있다는 주장으로, 상당히 재미있는 생각이다. 또한 아크나톤의 아들은 태어났을 당시 투트 앙크 아톤(아톤 신의 살아 있는 모습)이라는 이름이 붙여졌지만 왕이 세상을 떠난 후, 다신교가 부활함과 동시에 투트 앙크 아멘으로 이름이 바뀌었다. 우리가 흔히 투탕카멘이라 부르는 파라오이다.

이집트에는 흑인 왕국도 있었다?

이집트는 알렉산드로스 제국, 프톨레마이오스 왕조, 아케메네스 왕조, 아시리아의 지배를 받았던 때 말고도 이민족에게 지배당한 경험이 있다. 제2중간기에는 아시아에서 온 것으로 보이는 수수께끼 같은 민족 히크소스의, 제3중간기에는 이집트 남부에서 수단에 걸쳐 누비아라 불리는 지방에서 온 쿠시 왕국의 지배하에 놓였다.

쿠시는 아랍계가 아닌 흑인이 건설한 왕국으로 카쉬타왕 때 이집트 남부의 아스완까지 다다랐다. 후계자 피앙키왕의 뒤를 이은 동생 샤바카왕은 기원전 8세기 중엽에 제25왕조를 세웠으며, 그 후 전 이집트 땅의 통일을 이뤄냈다. 이 왕조는 고대 그리스인에게 에티오피아 왕조라 불렸다. 쿠시인들은 아멘라를 신앙하는 등 일찍부터 이집트 문화를 흡수했기 때문에 이렇다 할 저항을 받는 일도 없었다. 그러나 적은 생각지 못한 곳에서 나타났다. 기원전 6세기 말 아시아에서 공격해 온 아시리아에 의해 그들은 이집트에서 쫓겨난 것이다. 누비아로 도망쳐 돌아온 쿠시는 수도를 나파타에서 더욱 남쪽인 메로에로 옮기고, 그곳에 이집트 문화를 기본으로 한 독자적인 문화를 꽃피웠다. 고 왕국시대의 이집트에게 배워서 피라미드도 만들었는데, 메로에에 만들어진 피라미드는 확실한 왕의 무덤이었다.

100미터가 넘는 등대가 있다?

흔히 세계 7대 불가사의로 불리는 것은, 그리스의 수학자 필론이 기원전 3세기 말『세계 7대 경관』에 쓴 것에서 유래되었다. 그곳에 적혀 있는 것은 다음과 같다.

① 이집트의 대형 피라미드 ② 바빌론의 공중정원 ③ 바빌론 성벽 ④ 올림피아의 제우스 신상 ⑤ 에페소스의 아르

테미스 신전 ⑥ 로도스 섬의 청동 거신상 ⑦ 할리카르나소스 사당

바빌론의 것이 두 개이다 보니 균형이 맞지 않는다고 생각했는지, 후에 북유럽의 학자 파로스 등이 여기에 약간의 수정을 가했다. 바빌론 성벽을 빼고, 대신 알렉산드리아의 등대를 넣었던 것이다. 등대는 이집트 알렉산드리아의 항구 바로 앞에 떠 있는 파로스 섬 동쪽 끝에 있었기 때문에, 등대 그 자체를 파로스라 부르기도 했다. 등대가 세워진 기원전 3세기는 프톨레마이오스 왕조시대로, 그 높이에 대해서는 낮게는 60미터부터, 높게는 180미터까지 다양한 설이 있다. 중간을 잡아서 120미터라고 쳐도 당시로서는 놀라운 높이라 할 수 있다. 그 모습은 당시 로마 동전에 그려져 있는데, 그에 따르면 3층짜리 건물에, 각각의 비율은 밑에서부터 8대 3대 1이다. 맨 아래층은 각뿔이고, 가운데층은 8각주, 맨 위층은 원기둥꼴이었다고 생각된다. 그 위에 약 6미터짜리 바다의 신 포세이돈 상이 서 있었던 것 같은데, 그 모습은 노래로 지어져 남아 있다.

나는 탑, 포세이돈의 위안의 불빛을 던져
방황하는 선원들을 구한다.

배로 보내는 불빛은 어떠한 방법으로 쏘아올린 불꽃을, 금속을 문질러 만든 반사경을 이용해서 보냈으리라 추측된다. 300스타디온이라고 하니까, 빛은 50킬로미터 이상 앞까지 닿았다는 얘기가 된다. 기원전 1세기의 그리스의 지리학자 스트라본에 의하면, 등대는 많은 돌상과 동상으로 장식되었고 건물 자체는 기본적으로 하얀 돌로 만들어졌는데, 돌끼리 접착시키는 데는 녹인 납이 사용되었다고 한다. 현재도 존재한다면, 틀림없이 세계 유산에 등록되었을 테지만 안타깝게도 등대는 1303년에 일어난 대지진으로 인해 무너지고 말았다. 파로스 섬도 본토와 땅이 잇닿아서, 현재 등대의 유적지에는 15세기의 맘루크 왕조시대에 세워진 카이트베이 요새가 서 있다.

세계의 역사를 바꾼 클레오파트라는 누구일까?

세계 3대 미인 중 한 명으로 꼽을 수 있는 클레오파트라는, 왕가에서 태어난 까닭에 태어나면서부터 힘든 짐을 짊어지고 있었다. 때마침 이집트를 지배하고 있던 것은 마케도니아계의 그리스인으로 이루어진 프톨레마이오스 왕조였

다. 클레오파트라는 17세 때 아버지 프톨레마이오스 12세의 뒤를 이어 왕위에 오르는데, 그녀는 세 가지의 큰 위기에 처해 있었다.

첫 번째는 로마의 위협이었다. 공화제 로마는 카르타고를 멸망시키고 그리스, 마케도니아를 병합한 것에 이어, 지중해 연안의 모든 지역을 지배하에 두려고 했다. 이제 그 화살이 이집트로 향하는 것은 시간 문제였고, 도저히 힘으로 맞붙을 수 없었다.

두 번째 위기는 프톨레마이오스 왕조의 위엄이 떨어진 것이었다. 왕조가 시작된 것은 기원전 4세기 말. 이미 정실부인의 피는 끊기고, 왕가의 핏줄이라고 해도 프톨레마이오스 12세는 부모가 모두 방계 출신이었다. 클레오파트라와 남동생(프톨레마이오스 13세)의 결혼으로 공동통치 형태가 되었지만, 방계끼리 피를 맞춰도 권위는 세워지지 않았다. 그 때문에 왕조의 위엄은 눈에 띄게 떨어져 있었다.

세 번째 위기는 눈앞의 이익만 생각하는 중신들의 움직임이었다. 아버지 대 이래의 중신 포티노스, 아키라스, 테오도토스 세 사람은 클레오파트라와 프톨레마이오스 13세를 완전히 꼭두각시로 만들고 이집트를 개인의 것으로 만들려 했다. 왕조의 유지는커녕 이집트의 독립조차도 바람 앞의 등불이었던 것이다.

클레오파트라가 그들에게 반대하자, 세 사람은 프톨레마이오스를 내세워 대립했다. 내전 일보 직전이었던 상황은 클레오파트라에게 몹시 불리했는데, 마침 그때 로마의 카이사르가 이집트의 알렉산드리아에 찾아왔다. 클레오파트라는 모든 위기에 대처하기 위해 죽기 살기로 큰 도박을 걸기로 한다. 그 미모와 재주를 이용하여 불쑥 카이사르의 품속으로 뛰어들었던 것이다. 클레오파트라가 바친 물품으로 운반되어 온 짐 속에서 나타난 것은 눈부신 절세미인, 클레오파트라 본인이었다. 그때 카이사르는 53세, 클레오파트라는 22세의 젊은 나이였다. 카이사르는 즉시 그녀의 포로가 되었고, 두 사람 사이에서 카이사리온이라는 남자 아이도 태어났다. 프톨레마이오스 13세는 죽임을 당하고, 대신 막내 동생이 프톨레마이오스 14세로 세워져 형식상으로 클레오파트라와 부부가 되었다. 이것으로 이집트의 독립이 지켜졌고, 프톨레마이오스 왕조의 권위도 로마의 도움으로 회복되어 내란의 위기도 면했다.

그러나 이 안정기는 기원전 44년, 카이사르가 암살되면서 맥없이 무너진다. 급히 카이사르를 대신할 사람을 찾아내 이용해야 했던 클레오파트라는, 많은 사람들의 예상과 마찬가지로 카이사르의 장군이었던 안토니우스를 주목했다. 후계자 후보 중에서 뛰어난 권위와 군사력을 가지고 있었기 때문이다. 클레오파트라는 어렵지 않게 안토니우스를 넘어오게 만들었고, 그와의 사이에서 세 명의 아이도 얻었다. 그런데 그것은 크게 잘못된 판단이었다. 안토니우스는 단순히 클레오파트라에게 빠지기만 한 것이 아니라, 용맹함도 완전히 잃고 말았던 것이다. 그로 인해 로마에서의 평가가 나빠졌고, 여론의 지지는 카이사르의 손자인 옥타비아누스에게로 향하게 되었다. 그 결과, 기원전 31년에 일어난 악티움 해전은 옥타비아누스의 대승리로 끝났다. 클레오파트라는 옥타비아누스를 유혹하려고 시도했지만 이것은 실패로 끝났다. 프톨레마이오스 왕조의 유지도 거부됨에 따라, 포로의 굴욕을 받아들일 수 없었던 클레오파트라는 독뱀으로 하여금 자신을 물게 하여 품위를 유지한 채 39세의 나이로 죽음을 택했다.

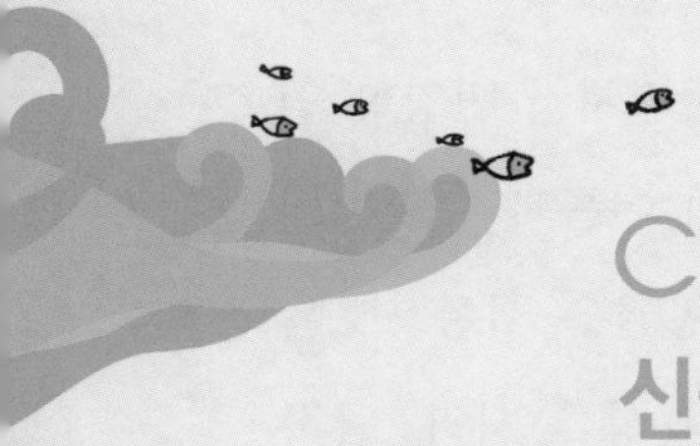

CHAPTER 3
신들의 나라,
인더스 문명의 수수께끼

인더스 문명의 주인공은 누구일까?

기원전 2300년부터 기원전 1700년경에 걸쳐서 번영한 인더스 문명은, 최초로 발견된 도시 유적의 이름과 관련지어서 하라파 문명이라고도 불린다. 그 문명권은 서쪽으로는 이란과의 국경지대, 동쪽으로는 갠지스강 상류 지역, 남쪽으로는 데칸 서북부까지, 실제로 동서 1,500킬로미터, 남북 1,100킬로미터나 되는 넓이에 이른다. 문명의 주인공이었던 민족은 여전히 알 수 없고 확실한 증거가 좀 부족하지만, 현재는 주로 남인도에 거주하는 드라비다어족일 가능성이 많다고 보고 있다. 주인공이 누구인지는 둘째 치고, 그것이 4

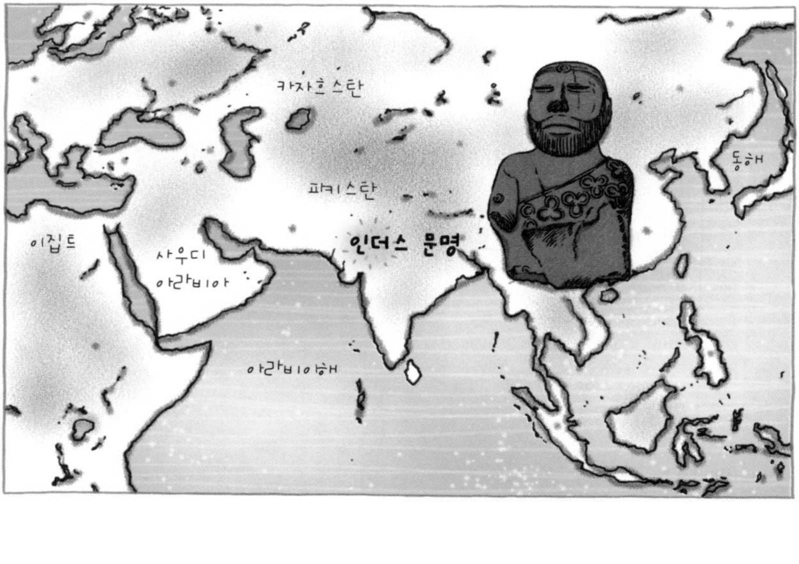

대 문명의 하나로 꼽히기에 부끄럽지 않은 것에는 틀림없다. 그것을 직접 자신의 눈으로 확인해보고 싶은 사람은 파키스탄의 모헨조다로나 하라파에 가는 것이 좋다. 세 잎 무늬 의상을 입은 신관 상 등 독특한 출토품을 보고 싶다면 카라치 국립박물관을 추천한다. 파키스탄뿐만 아니라 인도 영토 안에서도 로탈, 드라비다 등 많은 도시 유적이 발견되고 있다.

인더스 문명의 사람들은 어떻게 살았을까?

인더스 문명이라고 하면, 뛰어난 계획성에 기초한 도시 건설이 유명하다. 도시는 기본적으로 성채와 시가지로 이루어져 있고, 왕궁에 해당하는 것은 어떤 유적에서도 발견되지 않는다.

시가지에는 직각으로 교차하는 크고 작은 도로가 나 있었다. 길 양쪽으로는 크고 작은 건물이 서 있고, 저수조, 대형 목욕탕, 곡물창고, 배수구 등의 공공설비도 갖춰져 있었다. 이것들은 전부 구운 벽돌로 만들어졌는데, 그 모양은 세로 4, 가로 2, 높이 1의 비율로 통일되어 있었다.

또한 인더스 문명권 전체에서 도량형이 통일되었다는 것도 알 수 있다. 집집마다 욕실이 갖춰져 있었으므로, 대형 목욕탕은 제사 의식을 위해 이용되었으리라 생각된다. 물에는 깨끗이 하는 작용이 있다고 생각했던 것이다.

인더스 문명을 만든 사람들은 무엇으로 살림을 꾸렸을까? 이제까지의 조사에서 농업과 무역을 위주로 하고 목축도 행해졌다는 것을 알 수 있다. 농업은 범람 농경이라 불리던 것에 의지하고 있었는데, 관개 설비를 갖춘 것이 아니라 매년 6월부터 8월에 반복되는 계절풍에 의지했다. 이때 비가 아주 많이 내려서 인더스 강물이 불어나는데, 그것이 흘러넘쳐 땅을 뒤덮게 된다. 그런 후에 물이 빠지고 나면 그 기름진 흙을 갈고 그 위에 씨뿌리기와 모심기가 이루어졌던 것이다. 주로 보리, 밀, 콩류 등이 재배되었다. 농기구로는 석기, 목기, 청동기가 쓰였고, 철기는 아직 나타나지 않았다.

무역은 육지와 바다 양쪽을 통해 이루어졌는데, 가장 중요한 것은 메소포타미아와의 무역이었다. 메소포타미아와의 무역은 상인들이 직접 서로의 나라를 오간 것이 아니라, 아라비아 반도의 페르시아 만(아라비아 만) 해안 지역을 끼고 이루어졌던 것 같다. 딜문, 현재의 바레인에서는 도장을 비롯해 인더스와 메소포타미아 양쪽의 문물이 많이 발견되고 있다. 인더스의 최대 수출품은 루비이고, 향신료와 면직물, 상아 세공품 등도 많이 팔렸다. 반대로 메소포타미아의 주요 수출품은 식료품이었다고 추측된다.

인더스 문자에 담긴 뜻은?

이집트의 히에로글리프는 로제타스톤이 발견되고 23년이 지난 후에 해석되었다. 그에 비해 인더스 문자는 1920년대에 하라파의 본격적인 발굴이 시작된 이래, 여전히 해석되지 않고 있다. 여러 개의 언어를 같이 적은 출토물이 발견되지 않은 이유도 있다. 다양한 가설에 근거한 해석 시도가 이루어지고 있는데, 어떤 사람은 아리아계의 산스크리트어와 베다어와 관련짓고, 어떤 사람은 히타이트의 설형문자와 관련짓고, 또 어떤 사람은 후세 인도에서 사용된 브라후미문자와 관련지어 시도했지만 모두 실패로 끝나고 말았다. 그런 가운데 가장 관련성이 높다고 보이는 것이 드라비다어족이다. 현재는 인도 남부에 집중되어 있지만, 예전에는 주로 북부에서 살았을 가능성이 지적되고 있고, 적은 수이지만 현재 파키스탄에 살고 있는 집단도 있기 때문에, 그 가능성은 부정할 수 없다.

인도에서 소를 신성시하는 이유는?

인더스 문명 유적에서는 이제까지 무늬가 그려진 도장과 구리판이 2천 점 남짓 발견되었다. 무늬에는 보리수라 생각되는 나무와 머리에 두 개의 뿔이 자란 사람, 본뜬 그림 등을 그린 것도 있는데, 그보다는 동물을 그린 것이 압도적으로 많다. 동물 중에서도 외뿔 짐승 그림이 전체의 60%에 이르고 있다. 외뿔 짐승이라고 하면, 전설상의 동물 유니콘이 떠오르지만, 여기에 그려진 것은 소를 옆에서 그린 것으로 보인다. 뿔 하나가 겹쳐져서 감춰져 있는 것이다. 이 외에, 짧은 뿔 두 개가 난 소와 등에 큰 혹을 가진 소를 그린 것도 적지 않다. 역시 소가 신성시되었기 때문에 많이 이용되었을 것이다. 현재도 인도에서는 소를 죽이거나 소홀히 대하는 일이 금지되고 있는데, 그 풍습은 먼 인더스 문명까지 거슬러 올라가는 것으로 보인다.

왜 소를 신성시했을까? 우선 생활에서 빼놓을 수 없는 가축이었기 때문이다. 농사와 짐 운반에서 빼놓을 수 없는 힘임과 동시에, 그 젖은 귀중한 단백질이 되고, 똥은 연료로 사용된다. 후세의 힌두교에서 소를 시바신의 교통편으로 생각한 것으로 보아, 인더스 문명 시대에도 같은 사고방식을 가지고 있었을 가능성도 있다. 또한 소도 그렇지만, 도장의 무늬에서는 뿔이 난 코끼리와 호랑이의 모습도 다수 볼 수 있다. 뿔을 기른 인물상도 있는 것을 보면, 신성시되었던 것은 소 그 자체가 아니라 뿔이었을지도 모른다.

인더스인들은 카레를 먹지 않았다?

식문화는 지역의 기후와 토지 상태에 크게 좌우된다. 그렇다면 인더스 문명을 만든 사람들도 카레를 먹었을 것이라고 생각하기 쉬운데, 고추를 비롯한 매운 맛을 내는 대부분의 향신료의 원산지가 미 대륙이고, 세계에 보급된 것이 대항해 시대 이후였다는 점에서, 적어도 현재 먹는 것과 같은 인도 카레는 아직 없었을 것이다. 그러면 그들은 무엇을 먹었을까? 이제까지의 조사, 연구에 따르면 밭에서는 밀, 보리, 콩류가 재배되었고, 아마 이것들이 주식이었을 것이다. 인더스 문명의 유적에서 빵을 만드는 사람을 표현한 것으로 보이는 토우(흙으로 만든 사람이나 동물 상)가 발견된 것으로 보아, 밀과 보리로 빵을 만들어 먹었던 것으로 추측된다. 콩류는 고기 등과 함께 삶은 요리에 쓰였다. 부식으로는 고기, 생선, 유제품, 양파 등을 먹었고, 간으로는 소금, 후추 등이 쓰였던 것으로 생각된다. 이 외에 메론, 대추야자 열매, 참깨 등을 먹었다는 것도 알 수 있다. 또한 지역에 따라서는 쌀, 잡곡도 먹었는데 이것은 아프리카에서 온 것으로, 그곳에 직접 간 것이 아니라 메소포타미아와의 무역을 통해서 전해졌을 것으로 생각된다.

사라진 인더스 문명의 비밀은?

인더스 문명은 기원전 2000년경부터 쇠퇴하기 시작해 기원전 1700년경에 사라졌다. 그 원인에 대해서는 외적 침입설, 기후 변동설, 지각 변동설, 환경 파괴설 등 다양한 설이 있다.

우선 외적 침입설에 대해서 보자면, 일찍이 가장 가능성이 높았던 후보는 아리아인 침입설로, 그들에 의한 파괴와 정복으로 인더스 문명이 멸망했다고 믿어졌다. 그러나 아리아인이 인더스강 유역으로 진출하기 시작한 것은 기원전 1500년 무렵으로, 이때는 이미 인더스 문명이 멸망한 후이다. 따라서 이 설은 사라지고 대신해서 이란으로부터의 유목민 침입설이 주장되었지만 이것은 물적 증거가 부족하다.

기후 변동설과 지각 변동설 역시 물적 증거가 부족한 것은 마찬가지이다. 환경 파괴설은 지나친 벌채, 방목에 의한 땅의 오염, 사막화 등을 얘기하는데, 이것도 문명권 전체가 쇠퇴하여 사라진 이유로는 충분하지 않다. 현재로서는 가능성 높은 설이 없는 상태이다.

요가는 본래 철학이었다?

오늘날 요가는 세계 곳곳에서 사랑받는 건강법의 하나로 정착했다. 그 기원이 인도라는 것은 알고 있지만, 대체 언제부터 시작된 것일까? 힌두교에는 정통 육파 철학이라는 것이 있는데, 요가파는 그중 하나이다. 정통 육파 철학은 다음과 같다.

미맘사학파 – 베다를 절대적인 권위로 우러러본다.
제사 실행을 중시한다.

베단타학파 – 베다를 절대적인 권위로 우러러본다.
철학 · 신학 이론을 중시한다.

바이세시카학파 – 물질은 무수한 원자로 구성되어 있다는 다원론의 입장을 취한다.

니야야학파 – 추리를 이용해서 철저한 유신론(우주를 창조한 신이 있다는 종교 사상)을 설명한다.

산키야학파 – 모든 결과는 근본 물질 속에 숨어 있다고 설명한다.

요가학파 – 해설을 실현하기 위해 엄격한 자세와 정신 통일을 강론한다.

요가파의 근본경전 『요가 스트라』가 합쳐진 것은 기원후 5세기 전반의 일로 여겨진다. 그것에 따르면, 요가라는 말은 "소와 말에 멍에를 달아서 차에 잇는다"라는 뜻의 동사 '유즈'에서 유래한다. 소와 말에 멍에를 달아서 차에 연결해 그

움직임을 조절하는 것처럼, 자신의 오감을 명상으로 조절하기 위해 요가가 생겨난 것으로 보인다.

요가는 불교와 자이나교에서도 받아들였고, 아리아인이 오기 이전부터 했었다는 것을 알 수 있다. 인더스 문명의 유적에서 발굴된 도장에는, 사람이나 신이 수행할 때 볼 수 있는 결가부좌한 모습을 그린 무늬들이 몇 점 보인다. 정말 4000년의 역사를 가진 수행법이라 할 수 있다. 우리나라에도 일찍부터 불교를 통해 그 일부가 전해졌는데, '선(禪)'이 그것에 해당한다. '선'은 인도에서 유래된 말로, 산스크리트어인 디야나(명상)를 한자로 읽은 것이다.

고귀한 자, 아리아인은 어디에서 왔을까?

아리아인이 인더스강 유역에 나타난 것은 기원전 15세기경으로, '아리아'란 그들 스스로 칭한 '고귀한 자'라는 뜻이다. 그런데 아리아인은 대체 어디에서 왔으며, 원래 살던 곳은 어디였을까?

그동안 스칸디나비아 반도, 독일, 동유럽, 흑해 북부의 스텝 지대, 카스피해 연안, 서트루키스탄 등 다양한 곳이 지목

되었지만, 어느 것이나 가설의 영역을 벗어나지 못했다. 확실히 말할 수 있는 것은 그들이 인도 · 유럽어족으로 분류된다는 것과, 몇백 년이라는 오랜 기간에 걸쳐서 이동이 이루어졌다는 것, 그리고 이동 도중에 나눠진 한 파가 이란에 정착했다는 것이다.

이란에 정착한 사람들은 자신들을 아리아와 어원을 똑같이 하는 이란이라고 칭했다. 아리아인이 인더스강 유역에 나타났을 때, 이미 인더스 문명은 사라지고 없었다. 하지만 그곳에는 인더스인과는 또 다른 선주민이 있었고, 아리

아인은 그들을 다사, 또는 다스유라는 이름으로 불러 자신들과 구별했다. 다사도 다스유도 '검은 피부를 가진 자'라는 뜻이므로, 아마도 피부색에서 뚜렷한 차이를 느꼈을 것이다. 또, 아리아인은 선주민을 '낮은 코를 가진 자' '황소 입술을 가진 자' '거친 말을 하는 자'라고도 불렀다. 이는 언어와 용모가 자신들과는 너무나 달랐기 때문일 것이다. 이것과는 별도로, '남근을 숭배하는 자' '이상한 기도에 열중하는 자' '신에게 공물을 바치는 자'라고도 불렀는데, 이 같은 호칭을 통해 양쪽의 신앙 형식에 큰 차이가 있었음을 엿볼 수 있다.

카스트 제도의 바탕이 된 브라만교는 무엇일까?

브라만교는 인도를 정복한 아리아인이 받드는 신앙에 근대의 유럽과 미국인이 붙인 명칭이다. 브라만이라 불리는 사제 계층을 인간의 최상위층에 두고, 그들은 신과 인간을 맺어주는 자이며, 수행을 쌓은 브라만의 영험함은 신의 힘도 능가한다고 설명하고 있다. 불교, 자이나교라는 신흥종교가 나타난 후 이에 맞서기 위해 토착 신앙과의 대담한 융합이 꾀해지지만, 그것은 후에 힌두교로 발전되었기 때문에 브라만교와는 구별된다. 이 힌두교라는 호칭도 유럽과 미국 인들에 의해 붙여진 비교적 새로운 것이다.

브라만은 자신들의 지위를 정당화하기 위한 신화를 만들게 되는데, 조물주 프라자파티가 이 세상을 창조하기 위해 푸루샤라는 거인을 희생물로 바쳤다는 이야기이다. 신화에 따르면 푸루샤의 몸을 해체하자, 그 입에서는 브라만이, 두 팔에서는 왕족인 크샤트리아, 두 허벅지에서는 서민인 바이샤, 두 다리에서는 노예 계급인 수드라가 태어났다. 또 눈에서는 태양, 마음에서는 달, 숨에서는 바람, 머리에서는 천계, 배꼽에서는 공계(空界), 두 발에서는 땅, 입에서는 천둥과 번개의 신 인드라와 불의 신 아그니, 귀에서는 하늘이 생

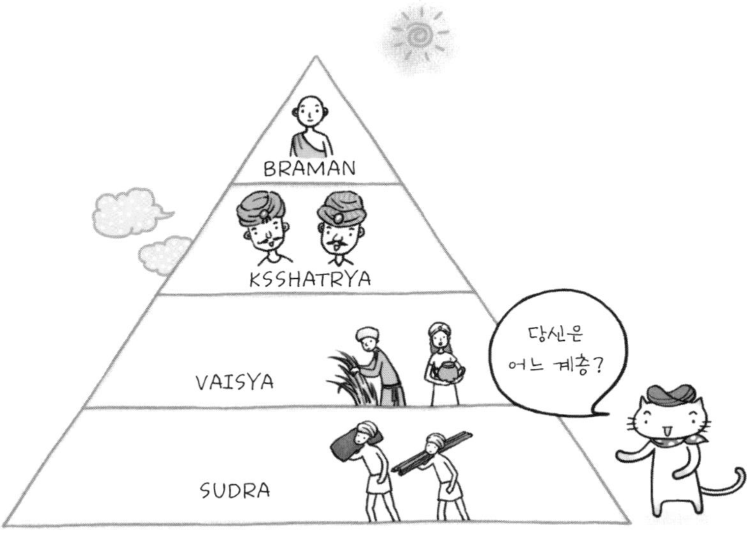

겨났다. 이와 같이 세계가 형성되었다고 한다.

이렇게 브라만은, 이른바 카스트 제도의 바탕이 되는 계층 사회를 만들어 갔던 것이다. 또한 카스트라는 단어는 포르투갈어에서 유래한 비교적 새로운 말로, 인도에서는 그것을 바르나라고 하는데 원래는 '색(色)'을 뜻하는 말이다.

가장 높은 신은 누구?

브라만 사상의 근본이 되는 성전을 베다라고 한다. 베다에는 『리그베다』『사마베다』『야주르베다』『아타르바베다』의 네 가지가 있는데, 이 네 개의 베다 가운데 『리그베다』가 기원전 12세기경 가장 처음으로 만들어졌다고 한다. 『리그베다』는 신들을 찬양하는 노래를 모은 것으로, 현재 1,218개가 존재하는데, 그중 약 4분의 1은 인드라에게 바친 것이다. 고대 남아시아는 자연 현상을 신격화한 신들을 믿는 다신교 사회였다.

인드라는 벼락신과 무용(무예와 용맹)신의 성격을 함께 가지고 있어서, 그리스 신화의 제우스와 게르만 신화의 토르의 이미지와 매우 흡사하다. 공예신 투바슈트리가 만든 무기 금강저(스님이 불도를 닦을 때 쓰는 법구의 한 가지)를 손에 들고, 폭풍의 신 루드라 등을 따라 물을 마르게 하는 악룡 브리트라와 아리아인을 적으로 보는 선주민 등과 싸움을 벌인다. 기원전 14세기 중엽 메소포타미아 북부의 미탄니와 소아시아를 중심으로 번영한 히타이트 사이의 조약문 속에 이름이 보이는 것으로 추측하건대, 남아시아뿐만 아니라 메소포타미아와 소아시아에까지 알려진 신이라는 것을 알 수 있다. 또한, 인드라는 나중에 불교에 흡수되어 범천(부처를 좌우에서 모시는 신)과 나란히 하는 불법을 지키는 호법신, 제석천(불교에서 말하는 열두 신 중 하나)이 되었다. 불상 등에는 무기로 금강저를 손에 들고 있는 일이 많다.

그리고 인드라에 이어 많이 칭송된 것은 불의 신 아그니로, 전체의 약 5분의 1을 차지한다. 아그니는 하늘 위에서는 태양으로, 공중에서는 번갯불로 빛나고, 땅에서는 제사불로 불타는 등 세계 곳곳에 존재한다. 또한 집에서는 화로 안에서 불타고, 삼림에서는 산불이 되고, 몸 안에서는 분노의 불, 음식을 소화하는 불, 생각을 번뜩이게 하는 불의 역할을 하는 등 다양한 기능을 가지고 있다.

세 번째로 많이 칭송된 것은 신이 아니라 신들이 즐겨 마셨던 신의 술 소마인데, 뛰어난 재주를 기르고 시적 자극을 높이는 데 가장 좋은 음료로 여겨졌다.

이 외의 중요한 신들로는 태양신 스리야, 율법신 바루나, 계약의 신 미트라, 비의 신 파르쟈누스, 물의 신 아파스, 바람의 신 바유, 숲의 여신 아라니야니, 새벽의 여신 우샤스, 밤의 여신 라트리, 강의 여신 나디 등을 들 수 있다. 바루나와 미트라 이름도 앞에 든 조약문 속에서 볼 수 있다. 인드라도 그렇지만, 이 두 신도 남아시아로 옮기기 전부터 믿어 온 신이 아니었을까? 바루나는 율법의 신이라고 하는데, 여기서 말하는 법은 리타, 우리말로는 우주의 원칙이라고 해석된다. 천체가 바르게 운행하고 있는지, 인간과 신들은 제대로 도덕을 지키고 있는지, 그것들을 감시하고 조금이라도 리타에 반하는 자가 있으면 잡아서 벌을 내리는 것이 바루나의 역할이었다. 엄격한 신임과 동시에, 뉘우치는 자에게는 관대함을 베푸는 자비로운 신이기도 했다. 또한 후에 힌두교의 최고신이 되는 시바, 비슈누의 존재감은 『리그베다』 안에서는 매우 옅다. 비슈누에 대한 찬가는 적고, 시바에 이르러서는 폭풍의 신 루드라의 별명으로서 등장할 뿐이다. 인드라의 지위도 시대가 흐를수록 내려가기만 했다.

갠지스강이 신성시되는 이유는?

인도에서는 몸과 마음을 맑게 하는 방법으로 물을 이용해 왔기 때문에 예로부터 큰 강은 신성시되었다. 그중에서 지금까지도 신성시되고 있는 것이 갠지스강이다. 현재도 인도 사람들은 그곳의 물로 목욕하면 맑아지고, 강에 시체의 재를 흘려보내면 천국으로 곧장 갈 수 있다고 믿고 있다. 갠지스강을 신성한 강이라 보는 이유는 다음과 같은 신화가 전해져 내려오기 때문이다.

옛날, 사가라라는 이름의 왕이 있었다. 그에게는 두 명의 왕비가 있었는데, 한 명은 비다르바국, 다른 한 명은 시비국 출신이었다. 이윽고 두 왕비가 임신하여 시비국 출신의 왕비는 고귀한 남자 아사만자스를 낳고, 비다르바국 출신의 왕비는 표주박을 낳았다. 그 표주박에서 6만 명의 남자가 태어나 성장했고, 왕은 그들에게 중요한 제사에 쓸 말을 돌보라고 명했다. 그런데 어느 날 갑자기 말이 사라져버리고 말았다. 왕자들은 명령을 받고 전 세계를 빠짐없이 열심히 찾아다니다가 땅 사이에 난 틈을 발견했다. 왕자들은 힘을 합쳐 땅을 파서 드디어 지하 깊은 세상에서 그 말을 발견하고는 바로 근처에서 명상을 하는 카피라라는 성자를 무시한 채 말을 잡으려고 뛰어갔다. 그 바람에 명상을 방해받은 카피라는 몹시 화가 나 눈에서 빛과 열을 내뿜어 6만 명의 왕자를 모두 태워 죽이고 말았다.

인도의 일곱 신 가운데 한 명인 나라다로부터 자초지종을 듣게 된 왕은 즉시 아사만쟈스의 아들인 총명한 안슈마트를 땅 밑으로 보냈다. 안슈마트는 카피라에게 예의를 갖추고 말을 돌려줄 것과 6만 명 왕자의 혼을 맑게 해줄 물을 찾게 해달라고 부탁했다. 그러자 카피라는 말을 돌려주고, 하늘에서 갠지스가 내려와 그 물로 씻으면 왕자들은 하늘로 올라갈 수 있을 것이라고 예언했다. 그 후, 왕자들의 혼을 하늘로 올려 보내는 일은 왕가 대대로 숙원이 되었고, 그 소망은 안슈마트의 손자인 바기라타에 의해 이뤄진다. 바기라타가 정치를 전부 대신들에게 맡기고 자신은 히말라야의 산속에 틀어박혀 1000년에 걸쳐 수행에 힘쓰자, 그 마음에 감동한 여신 갠지스가 소원을 들어주었다. 여신은 말했다.

"제가 아래로 내려가면 그 충격은 엄청날 것입니다. 그것을 받아들일 수 있는 것은 시바신뿐입니다. 수행을 통해서 시바신의 마음을 잡으세요."

그리하여 바기라타가 히말라야로 가서 고행에 힘쓴 바, 시바신은 그의 소원을 들어주었다. 갠지스가 하늘에서 기세 좋게 내려오자, 시바신이 그 풍성한 머리카락으로 받았다.

그러자 갠지스는 히말라야 산속으로 쏟아져 일곱 개의 강이 되었고, 땅 위뿐만 아니라 지하에까지 이르러 6만 명의 왕자의 영혼을 맑게 하여 그들을 전부 하늘로 올려 보냈다.

이상이 갠지스를 신성한 강으로 여기게 된 유래에 관한 신화이다. 목욕을 하거나, 물을 긷고, 재를 흘려보내는 장소도 갠지스의 아무 곳이나 다 좋은 것이 아니다. 종교에서 신성하게 여기는 장소는 대개 강이 합쳐지는 지점이다. 그중에서도 가장 신성하다고 보는 곳이 바라나시인데, 그곳에서는 지금도 힌두교도가 엄숙하게 목욕하는 모습이 끊이지 않는다.

불교는 어떻게 생겨났을까?

아리아인은 기원전 10세기경부터 갠지스강 상류 지역으로 진출하기 시작했고, 기원전 8세기경에는 철기도 보급되어 농업 생산이 비약적으로 발전했다. 기원전 6세기경에는 갠지스강 중하류 유역에서 인더스강 상류에 걸쳐 열여섯 개의 국가가 성립되었다. 큰 강 유역에서는 도시가 번영하고, 상업 활동이 활발했다. 상인층이 큰 세력으로 등장함으로써

브라만이 가장 높은 지위를 차지하고 있는 기존 질서에 불만을 품는 사람들이 늘어갔다. 브라만은 자신들의 우월한 지위가 흔들리지 않게 하기 위해서, 제사를 일상생활에서 빼놓을 수 없게 만들고, 그 방법을 복잡하게 했다. 그리고 그 역할을 대대로 이어가게 하고, 결혼에도 엄격한 제한을 두는 등 다양한 꾀를 써서 자신들의 자리를 지키려고 했다.

이 같은 방식은 형식주의에 빠지기 쉬워서 그에 대한 반발로 브라만 내부에서도 개혁을 요구하는 목소리가 높아졌다. 복잡한 제사를 지내는 것보다 더욱 중요한 것이 있지 않을까, 하고 형식주의에 이의를 제기한 사람을 '숲에 숨어사는 사람' '깨달은 자'라는 뜻의 '무니'라 불렀다. 그들은 숲속에 숨어 명상하며 수행에 힘썼다. 그들이 만든 사상은 체계화되어 우파니샤드 철학이라 불렸고, 그 안에서 윤회와 업(業)의 개념이 뚜렷이 표현되었다. 그러나 사상가들 중에는 더욱 급진적인 길로 내달리는 사람이 적지 않았다. 그들은 제사 만능주의의 브라만교와 브라만을 최고 기점으로 하는 바르나 제도를 부정하는 자들로, 육십이견이라 일컬어졌다. 그들 개신 사상가 중에는 일반 사회를 버리고 수행 생활에 들어간 사람도 많아서 그런 수행에 전념하는 사람들을 슈라마나(사문)라 불렀다. 부처도 그중 한 사람으로 본명은 고타마 싯다르타였다. 히말라야 산록의 카필라성을 본거지로 하는 샤카족의 힘 있는 집안에서 태어났다. 태어난 해는 기원전 566년경이라고도, 기원전 463년경이라고도 한다. 결혼해 아들을 두고 편안한 생활을 보내다 29세 때 처자식을 버리고 마가다국으로 가서 힘든 수행 생활에 들어가는데, 6년 동안 수행을 쌓아도 납득할 만한 성과를 보지 못하자 그만두었다. 그러고는 부다가야의 보리수 아래에서 명상을 통해 드디어 해탈의 경지에 이르게 되었다. 이때부터 그는 붓다(불타, 부처), 혹은 샤카무니(석가모니, 샤카족의 깨달은 자)라 불리게 된다. 깨달음을 얻은 부처는 사르나트(녹야원)로 가서 최초로 가르침을 전했다. 포교 활동의 시작인 것이다. 그로부터 45년 동안, 부처는 여러 나라를 돌며 가르침을 전하고 많은 신자를 얻어 불교 교단의 기초를 쌓았다. 부처가 활약한 것과 같은 시기에 마찬가지로 일관되게 브라만에게 반대하는 자세로 큰 영향력을 발휘한 사상가들이 있었는데, 불전에서는 그 주된 사람들을 육사외도라 부르고 있다. 한 명은 다음에 살펴볼 바르다마나이고, 그 외에 푸라나카사파, 아지타케사캄발라, 마칼리고살라, 파구타카자야나, 산자야벨라지푸타, 이렇게 다섯 사람이다. 이 중에서 가장 과격한 가르침을 펼친 것이 푸라나카사파로, 그는 생물을 죽이는 것도, 도둑질도 악이 아니며, 제사와 남을 불쌍히 여기는 것도 선이 아니라는 도덕 부정론을 펼쳤다.

벌레도 죽이지 않고 알몸으로 생활하는 사람이 있다?

자이나교의 신자는 현재 인도 총인구의 0.5퍼센트 정도이지만, 인구 비율과는 전혀 어울리지 않게 엄청난 경제력을 가지고 있다. 자이나교를 처음 시작한 것은 기원전 599년에 태어난 크샤트리아 출신의 바르다마나라고 한다. 결혼하여 한 아이를 얻지만, 30세에 출가하여 힘든 수행 생활에 들어가서 42세 때 깨달음을 얻는다. 이에 그는 지나(승자), 마하비라(큰 용기) 등으로 불리게 된다. 그 후 그는 72세로 죽을 때까지 마가다국을 중심으로 수행과 종교를 널리 알리는 날

무심코 벌레를 밟지 않도록 빗자루를 들고 다녀야 해~.
땡큐

들을 보낸다.

자이나교라는 이름은 지나의 가르침이라는 뜻에서 탄생되었는데, 어떤 주장에 의하면 자이나라는 것은 지나의 신자를 뜻한다고 한다. 자이나교의 신도는 그 차림새와 생활 풍경으로 쉽게 구분할 수 있다. 그들은 5대계라는 규칙을 엄격하게 지켜야 했는데, 그것들은 평범한 생활 속에서는 실천이 불가능했다. 5대계란 생물을 죽이지 않음, 진실된 말을 함, 도둑질을 하지 않음, 음란한 짓을 하지 않음, 무소유 등의 다섯 가지 규칙으로, 생물을 죽이지 않는다는 것은 사람뿐만 아니라 짐승, 새, 물고기, 더 나아가 작은 벌레까지도 포함된다. 게다가 그들은 농업과 어업, 도살업과 관련된 일은 할 수 없다. 무심코 벌레를 짓밟지 않도록 늘 빗자루를 들고 다니고, 입으로 빨아들이지 않도록 늘 마스크를 쓰는 일도 드물지 않다. 물속의 미생물을 죽이지 않도록 거른 물만 마시고, 고기와 술도 입에 대지 않는 완전한 채식주의자이다. 또한 무소유의 생각에서 재물에 욕심이 없는 마음가짐을 가지고 도박도 안 되며 사치도 부리지 않는다. 옷은 새하얀 의상을 입든가 혹은 아무것도 입지 않든가 둘 중 하나로, 기원후 1세기경에 나체파와 백의파로 분열된 이래, 그 풍습이 그대로 현재까지 남아 있다.

5대계를 지키자면 할 수 있는 직업이 한정되었기 때문에 옛날부터 신도 중에는 도시의 소매업자와 금속업자가 많았고, 근래에는 출판업과 정보 처리업자가 늘고 있다고 한다. 일본의 유명한 박물학자이자 민속학자인 미나가타 쿠마구스는 자이나교에 대해 흥미로운 얘기를 쓰기도 했다.

동식물을 불쌍히 여기는 것은 불교에서도 말하는 바이지만, 자이나교는 이것을 한층 확장시켰다. 즉 동식물 모두 영혼이 있다고 보고, 병든 짐승을 위해 의료를 행하는 것은 자선 업으로 본다. 계급 차로 이치의 깨달음을 막는 일 없이, 누구라도 번뇌의 얽매임에서 벗어나 진리를 깨닫는 경지 즉, 열반에 들 수 있다고 주장한다.

간단하면서도, 자이나교의 특징을 잘 말해주고 있다.

유골이 담긴 탑, 스투파란?

남아시아에서 불상이 만들어지게 된 것은 그리스 문화의 영향으로, 기원후 1세기 말에 인더스강 상류 유역의 간다라 지방과 갠지스강 상류 유역의 마투라에서 거의 같은 시기에 시작되었다. 부처가 죽은 지 이미 300년 이상의 세월이 지났는데, 그때까지 불교도는 무엇을 빌고 있었을까? 부처가 죽은 해는 기원전 486년경이라고도, 기원전 383년이라고도 전해진다. 부처가 80세에 죽었을 때 처음으로 문제가 된 것은 그 유골(불사리)의 매장지였다. 여러 나라의 신도들 사이에서 다툼이 일어났고, 결국 8개로 나눈 유골을 8개의 나라가 각각 탑에 넣어두게 되었다. 이 탑을 스투파라고 한다. 즉, 처음 우러러보았던 대상은 불사리와 그것을 넣어둔 스투파였던 것이다.

그 후, 부처의 신격화가 진행되었고, 부처의 유품과 불족적(부처의 발자국), 부다가야의 보리수, 부처가 설법을 행하였다는 라지기르의 그리드라쿠타산(영취산) 등을 비롯해 부처와 관련된 장소에 대한 신앙이 활발해졌다. 같은 무렵, 부처가 세상에 태어나기 전에 행했던 선행에 대한 이야기가 만들어졌는데, 그것을 자타카라 불렀다. 부처가 깨달음을 얻은 것은 윤회전생(생과 사를 돌고 도는 것)을 반복하는 사이에 선행을 많이 쌓은 덕분이라고 설명한다.

인도 사람들은 불교를 믿지 않는다?

불교는 한때 브라만교의 지위를 위협할 정도로 번성했었다. 그렇다면 현재는 어떨까? 불교도가 총인구에서 차지하는 비율은 자이나교와 큰 차이가 없다. 하지만 인도에서 불교가 쇠퇴한 것은 어제오늘 시작된 일이 아니다. 7세기에 당나라의 승려 현장(삼장법사)이 나란다를 비롯한 인도 각지를 돌았을 때, 이미 예전의 모습을 잃어버리고 있었다.

인도에서 불교가 쇠퇴할 수밖에 없었던 이유로 몇 가지를 생각할 수 있다. 하나는 정치상의 혼란으로, 인도에서는 강한 나라가 안정되게 통치를 한 시기가 짧았기 때문에 무역 활동이 발전할 수 없는 상황이었다. 무역 활동이 발전하지 못하자 상업 도시가 쇠퇴하고 상인층이 무너졌으며, 상인이 망하자 상가(불교 교단)의 경제 기반은 흔들릴 수밖에 없었다. 또 하나로는 상가의 상태를 들 수 있다. 상가에서는 집을 떠나 수행에 들어가는 출가신도와 집을 떠나지 않는 재가신도 사이의 연결이 약했다. 즉 출가신도는 수행에만 힘쓸 뿐, 재가신도의 일상에는 상관하려 하지 않았다. 따라서 어떤 일이 일어났을 때 협력이 어려웠다.

그리고 또 다른 이유로, 브라만교의 반격도 들 수 있다. 브라만교는 불교가 나타난 것을 위협으로 느끼고 이에 맞서기 위해서 대중화의 길을 선택한다. 그 기본은 유지하면서, 토착 신앙과 그 외의 다른 종교와의 통일을 꾀하여 새롭게 태어나 대중을 끌어들이려고 했던 것이다. 이 변화를 이루기 전의 모습이 브라만교이고, 후의 모습이 힌두교라고 할 수 있다. 이 변화는 몇백 년의 세월에 걸쳐 진행되었고, 이로 인하여 인드라, 아그니 등을 대신해서, 그때까지 별로 중요시하지 않았던 비슈누와 시바 두 신을 최고신으로 모시게 되었다. 이 두 신 중에서도 특히 비슈누를 중심으로 한 반격이 교묘했다. 비슈누와 그 지역에서 인기가 많은 신을 같은 신으로 만들고, 다른 힘 있는 신을 비슈누가 변한 모습이라고 알리는 두 가지 방법을 썼던 것이다. 토착신을 비슈누와

같은 신으로 만든 방법은 정말 효과적이었다. 그 지역의 사람들로 하여금 원래 하던 방식대로 기도를 올리게 하면 된다. 단, 자신들이 빌고 있는 대상이 사실은 비슈누라는 의식만은 가지게 한다. 제1세대에서는 힘들더라도, 대를 쌓아가다 보면 본래의 신을 잊고 비슈누에게만 빌게 된다. 이처럼 오랜 시간을 들여 멀리 내다본 전략이었던 것이다.

한편 화신(化身)이라고 하면, 이것은 비슈누가 이 세상에 나타날 때 필요에 따라서 다양한 모습으로 몸을 변장한다는 생각에 따른 것이다. 화신은 지방 구석구석까지 다 합치면 그 수가 엄청나게 많아지는데, 기본적인 열 개의 화신은 물고기, 거북, 멧돼지, 인사자(人獅子), 난쟁이, 파라슈라마, 라마, 크리슈나, 부처, 칼킨이다. 각각에 대해 설명하면 이렇다.

인도에도 메소포타미아와 비슷한 홍수 신화가 있는데, 그때 비슈누가 변한 모습이 물고기와 큰 거북이었다. 대홍수로 떠내려간 현자와 성전을 구하기 위해 물고기의 모습이 되고, 신들의 손에서 잃어버린 죽지 않는 신비한 약을 찾기 위해 큰 거북의 모습이 되었다고 한다. 멧돼지에서 파라슈라마까지는 큰 적에 대해 취한 모습이고, 라마와 크리슈나는 각각 인도의 고전문학을 대표하는 2대 영웅서사시 『라마야나』와 『마하바라타』에 등장하는 영웅이다. 칼킨은 열 개의 화신 중에서 유일하게 아직 이 세상에 나타나지 않은 신으로, 이 세상의 끝에 나타나는 구세주로 생각했다. 불교에서 말하는 미륵보살에 해당한다. 문제는 부처인데, 왜 부처의 모습을 했는지 그 설명은 되어 있지 않다. 어떤 주장에 따르면, 비슈누는 죄 없는 생물을 구하기 위해서 부처의 모습을 하고 나타났다고 한다. 이유야 어찌 됐든, 부처를 비슈누의 화신으로 만든 효과는 몹시 컸다. 불교도의 분열과 불교로 내달릴 뻔했던 사람들을 끌어들이는 데 성공했으니 말이다.

CHAPTER 4
황금의 대륙, 황하 문명의 수수께끼

황하 유역에도 판다와 코끼리가 있었다?

역사를 천 년, 만 년 단위로 보면, 기후에 커다란 변화가 있었다 해도 이상하지 않다. 현재 황하 중류 유역은 노란색 땅이 눈에 띄고 베이징 주변에도 사막화가 진행되고 있지만, 3천 년 정도 전까지는 푸른 삼림으로 덮여 있었고, 큰 포유류가 많이 살고 있었던 것 같다.

실제로 허난성 안양의 은허에서 새끼 코끼리 몸의 뼈가 발견되었다. 은 왕조 마지막 왕인 주왕은 개와 말과 신기하고 이상한 물건을 모으거나, 별궁의 정원에 많은 야생 짐승과 새를 풀어두었다고 한다. 그중에 코끼리가 있었을 가능

성도 있지만, 만약 코끼리가 있었다면 사마천도 특별히 쓰지 않았을까? 『사기』에 그런 내용이 없는 것을 보면, 왕가의 애완동물 중에 코끼리는 포함되지 않았다고 봐야 할 것이다. 따라서 은허에서 발견된 것은 야생 코끼리의 뼈라고 생각된다. 코끼리는 음식을 많이 먹는 동물로, 하루에 대략 300킬로그램이나 되는 양의 풀과 나무를 먹는다고 한다. 현재 중국에서 야생 코끼리를 볼 수 있는 곳은 윈난성의 미얀마와의 국경 근처뿐이지만, 지금으로부터 4000년 정도 전에는 황하 유역에도 야생 코끼리가 있었다. 그리고 야생 코끼리가 살아갈 수 있을 만큼의 풍부한 대자연이 존재했음이 틀림없다.

중국의 동물이라고 하면 자이언트 판다가 가장 유명하다. 판다가 사는 지역도 예전에는 지금보다 훨씬 북쪽이었을 가능성은 없는 걸까? 1930년대, 베이징원인의 뼈가 발견됨으로써 알려진 저우커우덴에서 판다의 뼈가 출토되어, 예전에는 판다가 살던 범위가 훨씬 넓었고, 베이징원인의 사냥 대상이 아니었을까 하는 주장이 나온 적이 있다. 많은 연구자가 그 감정 결과에 물음표를 던졌지만 2006년 6월, 그 주장을 보충할 만한 새로운 발견이 이뤄졌다. 허난성 쉬창시의 링징 유적지에서 출토된 동물 뼈가 판다의 아래턱 어금니라는 사실이 밝혀진 것이다. 링징 유적지는 12만 8천~1만 2

천 년 전의 것으로, 판다 외에도 하이에나, 오소리, 코뿔소, 코끼리, 소의 선조에 해당하는 오록스, 붉은사슴, 액시스사슴, 큰뿔사슴, 영양, 멧돼지, 말 등의 뼈도 발견되고 있다.

중국의 창조 신화에는 특별한 것이 있다?

세계 어느 나라 어떤 민족에게나 천지 창조와 인류 탄생의 신화가 있다. 이것은 중국도 예외가 아니다. 중국의 신화에서 천지 창조와 인류 탄생과 관련된 신은 '반고'라는 거인과 '여왜'라는 여신인데, 양쪽 모두 많은 이야기가 전해 내려오고 있다. 우선 반고부터 살펴보자.

먼 옛날, 하늘과 땅이 아직 나눠지지 않았을 때, 우주는 혼돈스럽고 암흑에 가득 찬 커다란 계란 같았다. 그 속에서 성장한 반고가, 어느 날 손도끼를 들고 암흑을 향해 내리치자, 계란이 갈라져 몇만 년이나 움직이지 않았던 암흑이 움직이기 시작했다. 이윽고 가벼운 것은 점점 위로 올라가고, 무거운 것은 점점 밑으로 내려가서, 하늘과 땅이 태어났다. 반고는 하늘과 땅이 다시 붙는 걸 막기 위해서 두 팔로 하늘을 받

치고, 두 다리로 힘을 주고 땅을 디뎌, 하늘과 땅 사이를 가로막았다. 반고는 하루에 1척(약 30센티미터)씩 키가 컸고, 땅도 그와 함께 단단해져 1척씩 두께를 더해갔다. 이렇게 1만 8천 년이 지나서 하늘은 그 높이가 극에 달했고, 땅은 그 두께가 한도에 이르렀으며, 반고도 더 이상 클 수 없을 때까지 성장했다. 하늘과 땅 사이의 거리가 약 4만 5천 킬로미터에 달해 움직임이 멈췄을 때, 반고는 힘이 다 빠져서 이윽고 마지막 때를 맞았다. 반고가 죽을 때 뱉은 숨은 구름과 바람으로 변하고, 목소리는 천둥소리로 변했다. 이어 왼쪽 눈은 태양, 오른쪽 눈은 달, 머리카락과 수염은 별들로 변하고, 두 팔과 두 다리는 땅의 동서남북으로, 온몸은 중국의 5대 명산인 태산, 화산, 형산, 항산, 숭산으로 변했다. 또한 피와 눈물은 강으로, 근육은 길로, 피부는 경작지로, 몸의 털은 풀과 나무로, 이와 뼈는 금은 광물과 암석으로, 땀은 비와 이슬로 변하는 등 세상의 모든 것을 만들어냈다.

이상이 반고 신화 형태의 하나로, 인도 신화의 프루샤와 게르만 신화인 유미르와의 사이에서 많은 공통점을 발견할 수 있다.

다음은 여왜인데, 여왜는 상반신은 인간, 하반신은 뱀으로 한 손에 컴퍼스를 든 모습으로 그려지는 일이 많다.

여왜는 세상의 모든 것을 창조하는 능력을 가지고 있었다. 어느 날 외로움을 달래기 위해 자신과 닮은 모습의 생물을 만들기로 마음먹었다. 여왜는 황토에 물을 섞어 반죽해서 작게 찢고 뭉쳐서 형태를 갖추어 완성된 것에 인간이라는 이름을 붙였다. 그녀는 인간으로 땅을 가득 채우려는 의욕에 넘쳤지만 점점 힘이 들자 쉬운 방법을 생각해낸다. 긴 줄을 진흙탕 속에 휘저어서 진흙이 충분히 묻었을 때 끌어올려 붕붕 휘둘렀던 것이다. 그러자 순식간에 많은 인간을 만들 수 있었다. 그리하여 풍요롭게 잘사는 사람은 여왜가 끝까지 직접 손으로 만든 인간의 자손이고, 가난한 사람은 한 번에 많이 생산된 인간의 자손이었다. 그 후 어찌 된 까닭인지 다양한 천재지변이 동시에 일어났다. 여왜는 인간들을 위해 사방으로 몹시 바쁘게 움직이며 어떻게든 평화를 회복시켰지만, 완전하게 원래의 상태로 돌아오지는 못했다. 끝없이 열린 하늘은 서북쪽으로 기울어버렸고, 그 때문에 태양과 달을 비롯한 모든 별들이 서쪽 하늘로 떨어지게 되었다. 또한 땅의 서북쪽이 높고 동남쪽이 낮아졌기 때문에 강물은 전부 동남쪽을 향해 흐르게 되었다.

그런데 여왜에게는 복희라는 오빠가 있었다. 아직 이 세상에 남매 두 사람뿐이었을 때, 두 사람은 서로 부부가 되고 싶다고 생각했지만, 부끄러워서 양쪽 모두 얘기를 꺼내지 못하고 있었다. 어느 날, 복희는 여왜의 손을 잡아끌고 쿤룬산에 올라, 두 개의 봉우리에 각각 장작을 피우고 하늘을 향해 기도하면서 이렇게 말했다.

"만약 우리를 부부로 만들 생각이라면, 거기서 피어오르는 연기를 얽히게 해주시고, 그럴 마음이 없다면, 연기가 피어오르는 대로 그냥 두세요."

그러자 두 개의 연기가 공중에서 서로 얽혔기 때문에, 두 사람은 기분 좋게 부부의 인연을 맺었다. 이것이 부부의 시작이 되는데, 한나라 시대의 유적에서는 이 두 신이 뱀의 꼬리에 서로 얽혀 있는 그림이 많이 발견되고 있다.

환상의 하 왕조는 정말로 존재했을까?

전한의 사마천(기원전 145년~기원전 86년경)은 역사가로서 너무나 유명하고, 그의 책 『사기』 역시 우리에게도 친숙하다. 이 책은 왕조의 역사를 기년체(역사적 사실을 일어난 순서대로 기록하는 것)로 엮은 「본기」, 개인의 전기를 기록한 「열전」 등으로 이루어져 있다. 이 책의 기둥이라고도 할 수 있는 「본기」에서 서두를 장식하는 것이 「오제(五帝)본기」이다. 어진 임금으로 여겨지는 다섯 명의 제왕 시대로, 대개 신화 전설의 하나로 보는 시각이 많다. 그 뒤로는 「하본기」「은본기」「주본기」로 이어지는데, 중국 역사가들 사이에서는 하 왕조

까지는 신화 전설의 시대이고, 은 왕조부터 역사시대가 시작된다고 보는 의견이 강하다. 이에 비해, 중국에서는 역사의 시작을 하 왕조로 보는 의견이 압도적이다.

사마천에 따르면, 오제시대의 마지막 제왕의 이름이 순(舜)이라고 한다. 오제시대의 군주의 지위는 자손에게 물려주는 것이 아니고, 가장 덕이 있다고 생각되는 사람에게 내주는 것이 암묵적인 규칙이었다. 순도 자신의 자식인 상균이 아니라, 홍수와 가뭄 피해를 막는 데 공적을 쌓고 많은 사람들이 잘 따르는 우(禹)에게 양보할 생각이었다. 그런데 우는, 순이 죽고 3년 상이 끝난 후 상균에게 자리를 내주고, 자신은 수도를 떠나 양성이라는 지방으로 옮겨갔다. 그러자 세상의 제후가 모두 상균의 곁을 떠나 우에게 왔기 때문에, 결국 그도 왕위에 오르는 것을 허락했다. 우는 자리에 앉은 지 10년이 되어 동쪽을 살피던 도중에 회계에서 병에 걸려 죽었다. 3년 상이 끝난 후, 제후가 우가 지명한 후계자가 아닌 우의 자식들을 떠받들었기 때문에, 이때부터 왕위를 자손에게 물려주게 되었다.

사마천은 하 왕조 성립의 과정에 대해 이와 같이 기술하고 있는데, 과연 어디까지 사실을 반영하고 있는지는 의문이다. 애초에 하 왕조는 실제로 존재했을까? 하 왕조가 있었다면, 기원전 20세기에서 기원전 16세기경일 것이라 추측된다. 그 시대의 도성 유적이 발굴된다면 실제로 존재했을 가능성은 높아질 것이다. 중국에서는 황하 유역에서 기원전의 유적이 발굴될 때마다 이것이야말로 하 왕조의 도성 흔적이 아닐까 하고 술렁인다. 그중에서도 유력시되고 있는 것이, 허난성 등봉현의 왕성강 유적, 화이양의 평량대 유적, 옌스현의 이리두 유적 등이다. 왕성강의 전국시대의 성곽 유적에서는 '양성(陽城)'이라 새긴 토기가 발견되어 학자들을 흥분시켰다. 다만, 그것이 우와 관련이 있는 양성인지 어떤지는 확실한 증거가 없다. 발굴된 흔적으로 볼 때, 왕성강의 도성은 사방 90미터이고 성벽의 폭은 5미터 정도라는 것이 판명되었다. 평량대는 사방 185미터에 성벽 폭은 약 10미터로, 왕성강 유적의 약 4배에 달하는 면적이다. 그러나 둘 다 요새로서는 훌륭하지만, 도성의 규모로는 너무 작다. 그 점에서 이리두 유적은 다양한 조건을 채우고 있다. 아직 발굴 중이지만, 기원전 19세기부터 기원전 16세기경의 것이 틀림없기 때문에 시대적으로는 일치한다. 이미 동서 108미터, 남북 100미터에 이르는 궁전의 흔적 등도 발견되어, 앞으로의 조사에 기대가 모아지고 있다. 또한 절강성 소흥시 주변에 있는 회계산 기슭에는 우의 능과 사당이 있는데, 세운 지 오래되지 않아 기원후 6세기의 것으로 보인다.

한자의 원형, 갑골문자란 무엇일까?

은 왕조가 화제에 오를 때, 반드시 갑골문자라는 말이 등장한다. 이 갑골문자는 어떤 것일까? 귀갑수골문자를 줄인 말로서 거북의 등딱지나 소의 견갑골 등에 새긴 문자로 한자의 기초가 된 글자라고 한다. 은 왕실에서는 점을 전문으로 보는 관사를 두고 있었는데, 그 관사는 후세의 역사가들로부터 정인(貞人)이라 불렸다. 정인이 점을 치는 대상은 군사, 농사, 수렵부터 날씨에 이르기까지 왕실과 관련된 모든

복(卜)!!
하늘의
뜻이로구나!
도대체
내 거북이에게
무슨 짓을
한 거야?
거북이
등껍질
흐흑~

것이 해당되었다. 점을 보는 순서는 다음과 같다.

먼저 갑골을 불에 구우면 금이 생기는데, 그 금으로 신의 뜻을 읽어내고 그 결과를 갑골에 새기는 것이다. '복(卜)'이라는 한자는 이때 생긴 터짐의 상태에서 유래되었다고 한다. 또 '귀(龜)'자는 갈라진 등딱지를 가진 거북의 모양을 본뜬 것으로, '점' '금' '점치다' '갈라지다' 등의 뜻도 가지고 있다. 갈라진 것을 '균열'이라고 하는 것도 유래는 같다. 덧붙여 '조(兆)'자도 갑골에 생긴 금을 본뜬 것이고, '점'자는 '복(卜)'과 '구(口)'를 합친 것, 즉 좋고 나쁨을 판단하고 말하는 것을 뜻한다. 갑골문자에 남겨진 귀갑(龜甲)은 이제까지 크고 작은 것을 합쳐서 10만 조각 가까이 발견되고 있다. 이것으로 보아, 은 왕조에서는 주술 활동이 활발했다는 것을 추측해볼 수 있다.

허난성 안양에 은허라 불리는 유적이 있다. 발견 당시에는 은의 마지막 도성 흔적으로 여겨졌지만, 그 후의 조사 결과 장례와 제사를 지내던 곳의 흔적이라는 주장이 유력시되고 있다. 은허의 발굴은 1928년에 시작되어 전쟁 때문에 중단된 시기가 있긴 했지만, 현재에 이르기까지 끊이지 않고 계속되고 있다. 발굴 성과는 정말 대단해서, 무덤만 너끈히 5천 개를 넘고 있다. 학문상, 은허의 무덤은 규모에 따라 대 · 중 · 소 세 가지 형태로 분류된다. 작은 무덤은 길이

2미터 전후, 폭 50~80센티미터, 깊이 1미터 이내로, 딱 한 사람이 들어갈 수 있는 크기이다. 사람의 허리 주변에 작은 구멍이 뚫려 있고 개 한 마리가 묻혀 있는 것이 보통이다. 이 개에는 귀신을 쫓는다는 의미가 담겨 있다고 여겨진다.

중간 무덤은 길이 3미터 전후, 폭 1~2미터, 깊이는 2~5미터 이상으로 꽤 규모가 커진다. 시신도 그냥 드러나 있는 것이 아니라 목판으로 만든 관과 관을 넣는 궤 안에 넣고 흙을 덮어 단단히 굳혀 놓았다. 또한 열 명 남짓한 순장자(높은 계급의 사람이 죽었을 때 산 사람을 함께 묻는 풍습이 있었는데 이때 묻은 사람들을 순장자라고 한다)가 놓여 있는 것이 보통이다.

마지막으로 큰 무덤은 규모는 물론 순장자 수도 몇십 명으로 대폭 늘어난다. 게다가 목과 몸이 따로 분리되어 있는 것과 온전한 것이 섞여 있다. 이것은 대체 무엇을 의미하는 걸까? 연구에 따르면, 목이 잘린 것과 그렇지 않은 것은 살아 있을 때의 사회적 지위의 차이를 나타낸다고 보인다. 몸이 온전하게 묻힌 것은, 묻힌 사람 가까이에서 잘 섬기고 죽은 후에도 봉사할 의무가 있는 자라는 것이다. 그에 비해 목이 잘린 자는, 신 앞에 바쳐지는 소와 양과 같은 역할을 담당했을 것이라 보는 견해가 있다. 그들은 농경과 가사 노동에 종사한 노예와도 다르고, 묻힌 사람과 아무런 관계도 없

으며, 오로지 순장, 희생용으로 바쳐진 사람들일지도 모른다고 보는 것이다. 갑골문 속에서도 다른 민족을 잡아서 신에게 희생물로 바치는 풍습이 있었음을 짐작할 수 있는 기록이 많이 발견되고 있다. 은허에 묻혀 있던 목 잘린 사람들도 마찬가지로 주술적인 의미에서, 묻힌 사람과는 인연도 관련도 없음에도 불구하고 죽음을 강요당했을지도 모른다.

고대 중국인들은 무엇을 먹고 살았을까?

『논어』는 유교의 시조로 여겨지는 공자와 그의 제자들의 말과 행동을 실은 책이다. 공자는 춘추시대 말, 기원전 6세기 중엽부터 기원전 5세기 초에 걸쳐서 살았던 인물이다. 『논어』 안에는 이런 구절이 있다.

밥은 아무리 하얘도 좋고, 회는 아무리 작아도 좋다. 밥이 오래되어 맛이 이상해진 것, 썩은 물고기, 썩은 고기는 먹지 않는다. 색이 나빠진 것, 냄새가 나빠진 것, 덜 익은 것, 계절에 맞지 않은 것, 바르게 썰지 않은 것, 국물이 적절하지 않은 것은 먹지 않는다. 고기는 주식인 밥보다 많이 먹지 않고, 술은 흐트러질 정도로 마시지 않는다. 밖에서 파는 술과 말린 고기는 먹지 않고, 생강은 남기지 않고 먹는데 많이 먹지 않도록 주의한다. 주군께서 주신 고기는 3일 이내에 먹고, 3일이 지나면 먹지 않는다. 식사 때는 말을 하지 않고, 잘 때도 떠들지 않는다. 변변치 않은 밥과 야채 국물과 오이 같은 것이라도 그것이 제사에 관련된 것이라면 엄숙한 태도로 대해야 한다.

앞에 적힌 것은 계층에 따른 차이는 어떻든 간에, 당시 먹었던 것들이 틀림없다. 여기서 말하는 밥은 쌀밥을 가리키는 듯한데, 그것은 상류 계층만이 먹을 수 있었고, 서민의 주식은 밤과 콩 종류였다고 생각된다. 술은 곡물로 만든 막걸리였을 것이다. 시중에서 판매되는 술과 말린 고기를 먹지 않았다는 것은, 가짜 유사품이 많이 돌았다는 뜻이 아닐까? 이 무렵에는 아직 볶는 조리법이 없어서 고기와 생선은 굽든가 삶아서, 아니면 회로 먹었다. 고기, 생선은 식초에만 찍어서 먹었고 날것에 대한 거부감은 없었다. 고기는 돼지고기를 중심으로 개, 말, 염소, 말, 닭 등을 먹었으며, 생선은 연안 지역을 제외하면, 잉어, 초어, 붕어 등의 민물고기에 한정된다. 물고기는 아니지만 자라도 즐겨 먹었던 것 같다. 삶은 요리는 삶는다기보다 재료가 들어간 스프 느낌이었을 것이다. 야채는 조리하는 데 재료로 쓰고, 그렇지 않으면 소금에 절여 담가 먹었을 것으로 추측된다. 아직 미 대륙과 서아시아에서 나는 야채가 출현하기 전이었기 때문에, 식탁에 오르는 야채는 부추, 무, 쑥갓, 콩잎, 산나물 등으로 한정되었다.

하루의 식사 횟수는 상류 계급은 세 번, 서민은 두 번이었던 것 같다. 아침 식사가 아침 7시에서 9시 사이, 저녁은 오후 3시에서 5시 사이로, 아침 식사 쪽에 비중이 있었다. 보존 방법이 없던 시대였던 것으로 보아, 서민은 그렇게 자주 고기를 먹지는 않았을 것으로 생각한다. 그런데 은 왕조의 마지막 군주인 주왕은 별궁의 정원에 고기를 매단 숲과 술로 채운 연못을 만들고 거기서 잔치를 열었다고 하는데, 이때의 고기 조리법은 알 수 없다. 왕의 잔치라면 말린 고기 같은 것이 아니라 신선한 고기를 썼을 텐데, 잔치에 어울리는 조리법은 과연 무엇이었을까?

또한 라면과 전병 같은 밀 요리가 나타나는 것은 실크로드가 개통한 한대 이후이고, 지은 밥이 나타나는 것은 이란과의 교류가 활발했던 당대 이후, 베이징 닭이 나타나는 것은 명대 이후, 군만두, 마파두부가 나타나는 것은 청대 이후의 일이다.

절대적인 힘을 쥔 자, 환관 탄생의 기원은?

환관은 후궁에게 봉사하는 거세한 남성을 뜻하는데, 이것은 중국뿐만 아니라 유라시아 대륙에 걸쳐 넓게 존재했다. 인간을 거세한 가장 오래된 예는 기원전 2000년대의 메소포타미아로, 그곳에서는 환관을 아마르쿳드 즉, 거세된 소라 불렀다. 고대 서아시아와 지중해 세계에서는 거세한 소를 땅을 가는 일에, 거세한 염소를 무리를 이끄는 역에 이용하는 일이 널리 행해지고 있었다. 그 생각과 기술을 인간에게도 적용한 결과, 환관이 생겨났을 것이다. 서아시아의 환관 제도는 군사국가로서 알려진 아시리아에서 시작되어 이란, 이집트, 그리스, 로마 등으로 퍼졌다. 전파에 의한 것인지 독자적으로 발생했는지는 알 수 없지만, 중국에도 옛날부터 환관이 존재했다. 하지만 중국의 환관은 다른 지역에서는 볼 수 없는 큰 특징을 가지고 있다. 환관이 절대적인 힘을 쥐고 정치에 관여했으며, 심지어 왕조를 멸망으로 이끄는 일조차 있었다는 점이다.

고대의 유명한 환관이라고 하면, 우선 수조(豎刁)를 들 수 있다. 수조는 춘추시대, 제나라의 환공(桓公)에게 봉사했던 환관이다. 환공은 훌륭한 신하 관중의 도움으로 주왕을 대신해 제후를 통솔하는 역할을 담당한 적도 있는 명군이지만 늙어서는 판단력이 흐려졌다. 병이 깊어진 관중에게 환공이 누구를 후계자로 해야 좋을지를 묻자, 관중은 환공이 추천한 세 사람을 전부 안 된다고 하고, 각각 그 이유를 명확히 설명했다. 그 세 사람 중에 포함되어 있던 수조가 안 되는 이유는 다음과 같았다.

"그자는 주군 눈에 들려고 스스로 거세를 했습니다. 이것은 사람의 마음에 반하는 행동입니다. 가까이 두어서는 안 됩니다."

그러나 환공은 관중의 말에 따르지 않고 세 사람을 등용했다. 그 결과, 환공의 죽음과 함께 내부 다툼이 발생했다. 환공의 시체가 67일 동안이나 방치되어 구더기가 방 밖으로까지 기어나오는 사태가 벌어지기도 했다.

고대 중국의 환관 가운데 진에게 바쳐진 조고(趙高)도 유명하다. 그는 시황제에게 등용되어, 시황제의 임종 때에는 황제의 부절(황제의 신분을 나타내는 것)과 국새(나라를 대표하는 도장)를 관리하는 자리에 올라 있었다. 이에 앞서, 조고는 시황제의 막내 호해의 마음에 들어 특별한 관계를 쌓고 있었는데, 시황제가 죽자 그 사실을 숨긴 채 장자인 부소를 자살하게 만들고, 호해를 다음 황제 자리에 앉혔다. 그리고 다른 황족을 전부 살해한 후 호해를 꼭두각시로 만들어 버리는 데 성공했다. 조고가 직접 왕의 자리에 오를 생각이었던 것 같지만 결국 그렇게는 되지 못했다.

환관에 의한 해는 그 후에도 계속되어, 청조 멸망 때까지 끊이지 않았다. 그런데도 환관이 사라지지 않고 존속되었던 것은 어째서일까? 이 문제에 관해서 17세기의 사상가 황종의는 '인주의 다욕 때문에'라고 지적하고 있다. 인주라는 것은 황제, 다욕이라는 것은 여기서는 색욕이 지나치게 왕성했다는 뜻이다. 황제는 천하 만민을 위해 후계자가 끊겨서는 안 된다는 건전한 의도하에, 황후 이외에도 많은 비를 두었다. 비의 수도 그렇지만, 비에게 봉사하는 환관의 수도 지나치게 너무 많았다. 전국에서 가려 뽑은 미녀를 한 건물에 모아놓고 그곳을 출입할 수 있는 남성, 그것도 생식 능력을 가진 자는 황제 단 한 사람으로 한 것이다. 황제의 색욕, 독점욕을 채우려면 후궁 여성들은 다른 남성과 절대 접촉해서는 안 된다. 따라서 후궁에게 봉사하는 자는 생식 능력이 없고, 남성도 여성도 아닌 자로 한정시켜야 했다. 아마도 이러한 황제의 욕망이야말로 환관 제도를 오랜 세월에 걸쳐서 계속 존재하게 만들었을 것이다.

중국 점성술과 서양 점성술의 기본은 같다?

서양 점성술의 기원은 고대 바빌로니아에 있다. 중국의 점성술도 비교적 새 시대에는 인도를 거쳐 바빌로니아 점성술에서 강한 영향을 받고 있지만, 고대에는 완전히 독자적인 발전의 길을 걷고 있었다. 그럼에도 불구하고 고대 중국과 바빌로니아의 점성술의 기본은 같아서, 모두 천변지이(天變地異) 점성술에서 시작되고 있다. 그것은 천문의 예상치 못한 사태와 세상에서 일어나는 사건 사이에 상관관계가 있다는 생각을 바탕으로 한 것이다. 나라 안의 싸움, 가뭄, 홍수, 굶주림, 큰 불, 전염병, 왕의 죽음 등 국가의 운명과 관련된 큰일의 전후로 천문에 예상치 못한 일이 일어나지는 않았는지, 태양, 달, 별들이 평상시와 다른 움직임과 현상을 보이지는 않았는지 등이다. 이러한 천문과 세상의 이변을 매일 정성껏 기록하여 모은 자료를 통해, 천문에서 이 같은 현상이 나타났을 때 세상에서는 이런 일이 일어날 확률이 높다는 결론을 이끌어낸다. 그러면 정치를 하는 사람은 그것에 대응해 마땅히 해야 할 행동을 취하는 것이다. 중국, 바빌로니아를 가리지 않고 고대 점성술의 모습과 이용법은 서로 같았다.

이 역할을 수행하는 지위를 중국에서는 사관이라 불렀다.

사마천도 이 자리에 있었는데, 그의 본래 직업은 역사서 편찬이 아니라, 매일 밤 천문을 관찰하고 기록하여 과거의 자료와 비교하면서 세상에 일어날 변화를 미리 알아보는 일이었다.

중국과 바빌로니아의 점성술은 그 기본은 같았지만, 별 이름, 별자리, 천계(하늘 위의 세계)의 구분 방법 등은 전부 달랐다.

공자는 살아 있을 때 존경받지 못했다?

춘추전국시대 여러 나라를 돌아다니며 의견을 얘기했던 사상가를 일컬어 제자백가라고 하는데, 이것은 나중에 붙여진 이름이고 유가, 법가, 도가라는 구분 또한 마찬가지이다. 유가의 가르침은 신 · 후한 왕조 이후 국가의 학문이 되는데, 그 시조가 되는 공자는 설마 이런 날이 오리라고는 예상조차 못했을 것이다. 사마천은 공자에 대해 다음과 같이 말하고 있다.

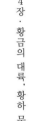

하늘 아래 왕과 현인이라 불리는 사람은 많지만, 살아 있

을 때는 호화롭게 보내도 죽으면 그것으로 끝이었다. 그에 비해 공자는 지위도 관직도 없이 생애를 끝냈지만, 그 자손이 십몇 대 후까지 학문을 전파해서 모든 학자의 스승이 되었다. 왕과 왕후조차 공자의 말을 표준으로 삼아 일의 옳고 그름을 가리고 있다. 이 이상 없을 성인이라 해야 할 것이다.

이 평가를 반대로 읽어보자면, 살아 있을 때는 보람이 없었다는 뜻으로 볼 수 있다. 공자는 춘추시대 말 노나라 출신으로 아버지의 이름은 숙량흘, 어머니의 이름은 안징재이다. 두 사람은 결혼을 하지 않았기 때문에, 공자는 정식 부부가 아닌 부모의 밑에서 태어난 아이였다. 아버지 숙량흘은 하급 무사였다고 전해지는데 공자가 어렸을 때 세상을 떠났다. 공자는 철이 들 무렵부터 공물의 받침대 용기를 늘어놓는 등, 늘 예식의 형태를 가지런히 하는 흉내를 내며 놀았다고 한다. 성장한 후, 노나라의 사관이 되지만 신분이 낮은 탓에 식량 창고 당번이나 목장 당번 같은 낮은 직책에 있을 수밖에 없었다. 한때는 제나라에서 살았던 적도 있는데, 그때 제의 군주 경공이 공자를 크게 마음에 들어 하여 그를 중요한 자리에 앉히려고 했지만, 중신인 안영이 충고하였다.

대체로 유자는 말만 뛰어날 뿐, 본보기는 되지 않습니다.

거만하고 자신만이 옳다고 생각하는 까닭에, 백성의 가르침을 맡길 자는 못 됩니다. 죽은 자의 장례를 몹시 중요시해서 울음을 그치게 하지 않고, 이를테면 재산을 전부 다 써서라도 장례를 정성껏 준비하라고 합니다. 이것은 백성의 풍속을 해치는 것입니다.

이 때문에 경공은 공자를 예정했던 것보다 상당히 낮은 위치에 두었다. 그 후 공자는 노나라로 돌아가 사공(토지와

제게 뜻이 있으니 벼슬을 좀…….
자네의 능력은 인정하네만 그건 좀……. 미안하네.

민사에 관한 일을 맡아보던 벼슬), 대사관으로 출세를 거듭해, 55세 때는 드디어 제상 대행이 되어 크게 실적을 올린다. 하지만 정권을 마음대로 지배하는 계손씨, 맹손씨, 숙손씨의 3공족(왕이나 공 같은 높은 신분과 같은 동족)과의 관계가 매끄럽지 못해서 기원전 97년, 하는 수 없이 노나라를 뒤로했다. 자신을 등용해서 생각대로 정치를 하게 해줄 나라를 찾아 돌아다니기를 13년. 어떤 때는 제후의 초대에 응하고, 어떤 때는 제자들의 인연에 기대 적극적으로 등용되기를 꾀했지만, 결국 어떤 나라의 제후에게도 뽑히지 못했다. 공자가 내세운 이상적인 정치 재현은 꿈같은 얘기로만 생각되었기 때문이다. 공자는 그 능력을 인정받았음에도 그 때문에 곤경에 빠지거나 뽑히지 않았던 적도 있었다. 진과 채나라의 신하들이 공자가 초로 가면 초가 강대해져서 위협이 된다며, 제자들과 함께 공자를 포위하여 굶어 죽기 직전까지 몰았던 적이 있었고, 초에서는 소왕이 마음에 들어 했으나, 제상인 자서가 간언했다.

"공자의 제자는 현인들뿐으로, 지금 공자에게 기름진 땅을 주는 것은 초나라에게 결코 좋은 일이 되지 못합니다."

이리하여, 공자는 마지막이자 가장 큰 벼슬살이의 기회를 잃고 말았다. 꿈이 깨진 공자는 69세에 고향으로 돌아와 그 후로는 후배를 기르는 일과 글쓰기에 전념했다.

만리장성을 만든 건 시황제가 아니었다?

일반적으로 중국사의 시대 구분은 은 왕조에서 시작되어, 주(서주) 왕조, 춘추시대, 전국시대, 진 왕조 순이 된다. 춘추시대와 전국시대는 하나로 묶어 춘추전국시대라 부르기도 하는데, 두 시대 사이에는 큰 차이가 있다. 그것은 바로 주 왕조의 권위이다.

제후가 아직 겸손하여 양쯔강 유역에서 새로 일어난 초, 오, 월 세력을 빼고는 '공'이라는 이름을 내세웠을 뿐, '왕'이라고 주장하는 일은 없었다. 하지만 전국시대는 다르다. 세상에서 말하는 전국 7영웅 군주는 모두 왕의 칭호를 주장하고 있었다. 춘추전국시대는 여러 명의 영웅이 각자 한 지방씩을 차지하고 위세를 부리는 어지러운 세상이었는데, 그것을 끝내고 천하통일을 이뤄낸 것이 진의 시황제였다. 시황제는 중국 역사상 최초로 '황제' 칭호를 주장한 사람으로서, 화폐, 도량형, 차량의 너비, 문자 글씨체를 통일하는 등 매우 새로운 정책을 실시한 군주이기도 하다. 또한 그는 만리장성을 건설한 황제로도 알려졌다.

하지만 만리장성은 시황제가 완전히 처음부터 새롭게 건설한 것이 아니다. 전국시대의 여러 나라들은 이웃나라와 이민족의 공격을 막기 위해서 제각각 방벽을 만들고 있었다. 천하통일이 된 후에는 각국 사이의 방벽이 필요 없게 되어 무너뜨렸지만 북방의 이민족 흉노에 대한 방벽은 반대로 강화되었다. 끊어진 부분을 보강하는 작업이 이루어지고, 오로지 흉노를 막기 위한 하나의 장대한 장성이 쌓아졌는데 그 명령을 내린 것이 바로 시황제였다. 즉, 있는 것을 최대한 이용하여 완성시키는 총감독을 맡은 것이 시황제였던 것이다. 끊어진 부분을 보강하는 것이라고는 해도 그것만으로도 틀림없이 힘든 작업이었을 것이다. 『사기』의 「시황본기」에는 "감옥에서 부정을 저지른 자는 귀양을 보내서 장성을 쌓게 했다"라고 적혀 있는데, 그것만으로는 인원이 충분하지 않았을 것이다. 실제로는 무차별에 가까운 동원이 이루어지지 않았을까 싶다. 그와 관련된 하나의 전설이 있다.

시황제 때, 맹강녀라는 여성이 있었는데, 그녀의 남편은 장성 건설에 동원된 이후 소식이 전혀 없었다. 걱정이 된 그녀는 겨울옷을 갖다 줄 겸 남편의 안부를 확인하려고, 직접 몇천 리나 되는 산과 들을 물어물어 장성의 축조 현장에 찾아갔다. 그런데 그곳에 남편의 모습은 없었다. 이미 과로로 죽어 희생물로서 묻혔다는 것이었다. 맹강녀가 몹시 슬픈 마음에 소리 내어 울자, 그 순간 성벽 일부가 무너지고 그곳에서 남편의 시체가 나타났다. 그녀는 그 시체를 안고 벼랑에서 바다로 몸을 던졌다.

비록 전설로 내려오는 이야기일 뿐이지만 만리장성의 큰 규모를 생각해보면, 실제로도 적지 않은 비극이 있었을 것으로 추측된다.

시황제의 능 안에 숨겨진 보물은?

진의 시황제(기원전 259년~기원전 210년)는 중국 역사를 이야기할 때 절대 빠지지 않는 인물이다. 만리장성은 둘째치고라도, 시황제에 얽힌 수수께끼가 많이 있기 때문이다. 최대의 수수께끼는 그가 영원히 잠든 땅, 시황제릉에 관련된 것이다. 시황제릉은 사마천의 『사기』를 통해 그 내부에 대해 어느 정도의 윤곽을 그려볼 수는 있다. 『사기』의 「시황본기」에 따르면, 능 건설은 시황제가 진왕에 즉위(기원전 247년)함과 동시에 시작되어 천하통일에 이르러 본격화되었다. 다음 해당 부분을 읽어보자.

> 능을 만들기 위해서 리산산의 기슭에 구멍을 뚫었다. 천하를 합침에 이르자, 세상의 징역자 70여만 명에게 부역을 부과해 세 개의 샘물을 파게 했는데, 동(銅)으로 밑을 막고 곽을 넣었다. 무덤 안에 궁관과 백관의 좌석을 만들고, 궁 안에서 귀한 것을 가져와 가득 채웠다. 기술자에게 기노시(機弩矢, 자동으로 발사되는 쇠화살)를 만들게 하여, 땅을 파서 가까이 오는 자가 있으면 저절로 발사되도록 했다. 또한 수은으로 백천, 강하, 대해를 만들고 기계로 수은 물을 흘려보냈다. 위로는 천문을, 밑으로는 지리를 갖추고, 인어의 기름으로 탁하게 하여 오래 사라지지 않도록 했다. 2세 황제는 "선대 황제의 후궁으로, 아이가 없는 자를 궁전에서 내보내는 것은 좋지 않다"고 하여, 모두를 따라 죽게 했다. 또한 "장인은 묻은 것을 알고 있다"라는 의견이 있었기 때문에, 무덤으로 통하는 큰 길의 문을 막고, 거기에 바깥문을 내려

일을 했던 장인들을 모조리 가두고 나오지 못하도록 했다. 무덤 위에는 나무와 풀을 심어서 산처럼 위장했다.

이 글이 얼마만큼 신빙성이 있는지는 알 수 없지만, 1981년에 중국 사회과학원이 시황제릉의 중심을 이루는 분구(무덤 위에 언덕 모양으로 쌓은 무덤) 부분의 지하의 땅을 파서 조사를 한 바, 수은 함유량이 보통보다 많고 분구를 쌓아올리기 위해서 흙을 치운 것으로 보이는 장소와 비교해서는 8배나 높은 수치를 나타냈다고 하니, 『사기』의 글이 어느 정도 사실에 근거를 둔 것임은 분명한 것 같다. 도굴을 막기 위한 장치는 충분히 있을 수 있다. 천문 · 지리라는 것은 그것을 그린 벽화를 가리킬 것이다. 그것에 따라 수은 연못과 강이 만들어지고, 끊임없이 순환하는 장치가 설치되었던 것으로 생각된다. 실제로 당대에 쓰인 『괄지지』라는 지리서에는 다음과 같은 글도 보인다.

진의 영가 무렵(4세기 초), 어떤 사람이 제나라 환공의 무덤을 파헤쳤는데, 처음에 목판이 있고, 이어서 수은 연못이 나타났다. 증기 때문에 침입하지 못하고 며칠이 지난 후, 겨우 개를 데리고 안으로 들어갔다.

증기의 정체는 알 수 없지만, 문맥상으로 보면 유독가스인 것 같다. 이것도 절도 방지의 하나가 아니었을까? 시황제릉 안에 있는 것 중 알 수 없는 것이 인어 기름인데, 이것만은 짐작도 가지 않는다. 오래 사라지지 않도록 그것을 고른 것이라면 고래 기름이라고도 생각할 수 있지만, 고래를 인어라 불렀으리라고는 생각되지 않는다. 듀공(바다짐승의 하나. 인도양, 태평양 등에 서식)이나 바다표범의 기름일까?

2천 년 동안 묻혀 있던 병마용의 진실은?

1974년 봄, 시황제릉에서 동쪽으로 1킬로미터쯤 떨어진 곳에서 우물을 파던 마을 사람이 도자기로 만든 병사상 하나를 파냈다. 병사용이다. 이것이 세계를 경탄시킨 대발견의 시작이었다. 3개월 후, 특별 발굴팀에 의한 본격적인 조사가 시작되는데, 땅속을 파면 팔수록 나오는 것은 엄청난 수의 병사용과 마용, 나무로 만든 전차, 청동제 무기 등이었다. 진의 멸망과 함께 영원한 잠에 빠졌던 병마용이 2천 2백 년 만에 사람들 앞에 모습을 드러낸 것이다. 병마용 갱의 규모는 당초의 예상을 훨씬 웃돌아서, 발견된 순서대로 1호 갱, 2호 갱, 3호 갱, 4호 갱이라 이름 붙였다. 각각의 크기와 출토품은 다음과 같다.

1호 갱 – 동서 230미터, 남북 62미터
병마용 6,000개, 전차 수십 량

2호 갱 – 동서 124미터, 남북 98미터
병마용 2,000개(마용, 궤사용, 입사용, 장군용, 보병용, 어수용, 차사용 등 종류는 다양), 전차 89량

3호 갱 – 동서 28미터, 남북 24미터
병마용 68개, 전차 1량

4호 갱 (미완성)

이 정도의 것을 만드는 데는 틀림없이 상당한 비용과 시간, 노력이 들었을 것이다. 당연히 아주 먼 훗날까지 이야

깃거리가 되었으리라 생각되는데, 어찌 된 까닭인지 『사기』 『한서』를 비롯한 그 어떤 역사책에도 병마용에 관한 글은 전혀 보이지 않고, 전설조차 남아 있지 않다. 물론, 병마용이라는 것은 오늘날 사람들이 붙인 호칭이니, 역사책에 그 명칭으로 나오지는 않을 것이다. 그렇다 해도 이렇게 특징적이고 만드는 데 엄청난 수의 사람이 관련되었을 텐데도, 병마용을 가리킨다고 생각되는 글이 어떤 역사책에도 보이지 않는 것은 왜일까? 도저히 해답을 찾을 수 없다. 공사가 전부 은밀하게 이루어지고, 관계자에게는 엄격한 함구령이 내려지고, 거기다 나중에는 모두 죽임을 당했다는 식으로 해석하는 것은 너무 비현실적이다. 그렇다면 어떻게 해석하면 좋을까?

다시 앞의 항목에서 소개한 『사기』의 「시황본기」의 한 구절을 읽어보자. 단서가 되는 것은 "무덤 속에 궁관과 백관의 좌석을 만들어"라는 구절이다. 궁관과 백관의 좌석이라는 것은, 말하자면 부장(임금이나 높은 사람이 죽었을 때 그 사람이 쓰던 물건을 함께 묻는 것) 갱 내지는 배장(무덤 옆에 만든 것으로 죽은 자를 모시던 사람들이 함께 묻힌 무덤) 갱이다. 사실 시황제릉의 주위에서 병마용뿐만 아니라 그것보다 뛰어나지는 않더라도 절대 뒤떨어지지 않는 규모의 갱들이 발견되고 있다. 마구간을 묘사한 마구 갱, 동차(銅車)와 말이 묻혀 있는 동차마 갱, 돌갑옷 갱, 수렵장을 묘사한 금수 갱, 제사 갱과 건설에 참여한 죄수들의 묘지 등이 그것이다. 이렇게 시황제릉은 시황제의 시체를 모신 침실만을 가리키는 경우도 있는가 하면, 여러 배장 갱을 모두 포함한 것을 가리키는 경우도 있다. 병마용이 놓인 위치와 군단의 얼굴이 향하고 있는 방향이 동쪽인 것을 보면, 이것이 방위 역할을 담당하고 있는 것은 분명하다. 시황제에 의해 멸망한 여섯 개의 나라는 모두 진보다 동쪽에 위치해 있으니까 말이다. 그렇게 되면 병마용의 위치는 시황제릉의 맨 끝이 되는 것인지도 모른다. 능의 맨 끝을 구성하는 것을 굳이 글로 남겨둘 필요는 없다. 당시의 입장에서 보면, 그렇게 생각하는 것이 상식이었을지도 모른다.

불로초는 정말 있었을까?

권력의 최고 자리에 오른 사람 중에는 부귀영화가 영원히 계속되기를 바라는 마음이 지나친 나머지 불로불사(不老不死)를 바라는 사람도 있었다. 영원한 삶을 누리고자 구체적인 행동을 하는 사람은 별로 없겠지만, 중국의 역대 황제 중에는 불로불사를 너무 염원한 나머지 상식의 선을 넘는 행동을 한 사람도 적지 않았다.

예를 들면, 진의 시황제와 전한의 무제가 그렇다. 시황제는 중국 최초의 황제일 뿐만 아니라, 최초로 불로불사를 찾아 흥분해 날뛴 황제이기도 했다. 이에 관한 이야기는 사마천의 『사기』에 자세히 나와 있다. 이것에 의하면, 시황제의 마음이 신선술로 기울어진 것은 천하통일을 이룬 후였다. 산동 낭야의 서복(徐福)이라는 방사(신선의 술법을 닦는 사람)가 예로부터 성스러운 산으로 여겨지는 태산에서 하늘과 땅

영약과 선인은 아직도 찾지 못하였느냐!
조금만 더 시간을……
내 꺼!

의 신령을 모시는 의식을 치른 후, 임금에게 다음과 같은 글을 올렸다.

해상 앞바다에 봉래, 방장, 영주라는 세 개의 신산이 있고, 그곳에 선인이 살고 있습니다. 몸과 마음을 깨끗이 하고 남녀 아이를 두루 데리고, 선인을 찾고 싶사옵니다.

시황제는 이것을 허락해, 서복을 남녀 아이 몇천 명과 함께 출항시켰다. 몇 년 후, 시황제는 갈석산에 가서 노생이라는 방사에게 선문고라는 선인을 찾게 하고, 그 후 얼마 지나지 않아, 이번에는 한종, 후공, 석생이라는 방사들에게 불사의 약을 찾으라 명한다. 노생은 선문고를 찾지 못했지만 하나의 예언서를 손에 들고 돌아왔다. 거기에는 "진을 멸망시킬 자는 호(胡, 예전에 오랑캐를 이르는 말로 쓰였음)에 있다"라고 적혀 있었다. 이것을 흉노라고 생각한 시황제는 장군 몽염에게 30만 병사를 내려 흉노 토벌을 명령했다. 이윽고 노생으로부터 다음과 같은 상소문이 올라왔다.

소인들은 영약과 선인을 찾고 있사옵니다만, 아직 찾지 못했습니다. 뭔가가 방해를 하고 있기 때문인 것 같사옵니다. 신선술 중에서, "주군은 가끔 신하에게 감추어 행동하고, 이로써 나쁜 기운을 사라지게 한다"는 구절이 있습니다. 부디 주상이 계신 곳을 누구에게도 알리지 마시옵소서. 그렇게 하면 반드시 불사의 약을 얻으실 수 있을 것입니다.

시황제는 이것을 진지하게 받아들여 가능한 한 행동을 몰래 하고, 자신이 있는 곳과 말을 남에게 흘리는 자가 있으면 죽을죄에 처하도록 엄명했다. 실제로 시황제의 말이 흘러나간 것으로 드러났을 때, 아무도 자백하는 자가 없자 시황제는 시종들을 붙잡아 몰살시키고 말았다. 이 사실을 안 노생과 후공은 이대로라면 자신들도 언제 죽게 될지 모른다고 생각해 도망치고 말았다. 그것을 알고 몹시 화가 난 시황제는 세상에 본때를 보여주려고, 수도에 있는 학자를 모조리 잡아들여 그중 460여 명을 산 채로 묻었다. 이것이 그 유명한 분서갱유이다.

때마침 신산을 찾아 바다로 나갔던 서복이 몇 년 만에 낭야로 돌아왔다. 막대한 비용을 들이고도 아무런 성과 없이 빈손으로 갔다간 틀림없이 큰 벌을 받을 것이라고 생각한 서복은 거짓 보고를 했다.

봉래에 상륙할 수만 있다면 신약을 얻을 수 있습니다만, 큰 물고기가 방해를 하여 섬에 다가갈 수가 없습니다. 이에 대한 대책으로 활 쏘는 사람을 붙여주시면, 반드시 명령을 이루어 보겠나이다.

공교롭게도 시황제는 바다의 신과 싸우는 꿈을 막 꾼 참이었다. 해몽가에게 물어보니 그 큰 상어를 없애면 바람을 이룰 수 있다고 하여, 활 쏘는 자를 보내 큰 물고기 한 마리를 죽였다. 사마천의 글에서는 이것을 끝으로 서복의 이름이 사라지고, 시황제는 중병에 걸려 얼마 후 죽게 된다. 황제의 막강한 권력을 가지고서도 선인도, 불로불사의 약도 찾지 못한 채 끝난 것이다. 많은 비용과 노력이 헛수고로 돌아갔다 하지 않을 수 없다.

그 후 노생과 후공의 소식은 전혀 알 수 없고, 서복의 뚜렷한 발자취도 알 수 없다. 다만, 진대에 쓰인 역사서『삼국지』안에 "시황제가 파견한 서복과 남녀 아이 몇천 명이 단주에 도착해 대를 이어 몇만 가구가 되었고, 가끔 회계에 찾아와 무역을 하고 있었다"라는 글에서 서복의 흔적을 발견할 수 있다. 여기에 나오는 단주는 일본이라는 얘기도 있다. 그것을 뒷받침하듯, 사가현 모로도미초와 와카야마현 신구우시, 미에현 구마노시, 야마나시현 후지요시다시 등, 일본의 여러 곳에서 서복도래 전설이 전해지고 있다. 진짜인지 어떤지는 확실하지 않지만, '하타' '하네다' 등의 성은 서복과 함께 도래한 사람들의 자손이라고도 전해지고 있다. 또한, 산둥성 앞바다에서는 지금도 가끔 신기루를 볼 수 있다고 한다. 이것이 옛날부터 볼 수 있었던 현상이라면, 바다 건너편에 신선의 섬이 있다고 믿었다 해도 이상하지 않다. 시황제도 그것을 목격하고, 선인과 불로불사약의 존재를 확신했을지도 모른다.

미라가 2천 년 동안 변하지 않았던 이유는?

1972년 1월부터 4월에 걸쳐, 후난성 장사시의 동교에 있는 유적, 마왕퇴 1호 무덤의 발굴 조사가 이루어졌다. 7월 30일에 후난성 박물관과 중국 과학원 고고연구소에 의한 공동조사 보고가 발표되었는데, 그 내용은 실로 충격적이었다.

유적에서 2천 년 이상 된 것으로 보이는 여성의 시체가 발굴되었는데, 그것이 살아 있는 상태를 유지하고 있었기 때문이다. 보고에 따르면, 시체는 전혀 부패된 곳이 없었다. 눈, 코, 입, 귀의 모양이 달라진 곳도 없고, 머리카락도 두피에 붙어 남아 있었다. 몸은 아직 탄력이 있어서 손가락으로 누르면 일단 움푹 들어간 후 다시 원래대로 돌아오는 상태이고, 동맥도 죽은 지 얼마 되지 않은 시체와 거의 같은 색이었다. 방부제를 넣자, 처음에는 부풀고 그 후 천천히 확산했다고 한다. 게다가 해부를 해서 몸 안을 조사한 바, 목과 위 사이에서 소화가 안 된 오이류의 것이 발견되었다고 한다. 이것이 2000년 전의 시체라고 하니 놀랍게 받아들이는 것도 당연하다.

하지만, 그렇게 오래된 시체가 어떻게 그 같은 상태로 발견되었을까? 그 유적은 원래 5대10국시대 나라의 하나인 초(907~951년)의 건국자, 마은과 그 가족의 묘로 여겨졌다. 그래서 마왕퇴(馬王堆)라고 불렸는데 막상 발굴을 한 결과, 전한시대의 것으로 판명되었다. 많은 부장품 덕분에 시체의 성질과 매장 연도에 대해서도 정확하게 밝혀졌다. 시체는 장사국의 승상을 지냈던 이창의 부인이고, 묻힌 해는 문제 12년(기원전 168년)이라는 것이다. 전한 초기에 공신 몇 명이 제후왕으로 봉해졌는데, 장사국도 그렇게 생긴 나라 중 하나였다. 시체의 신원은 판명되었지만, 그러면 어떤 방법으로 보존되었던 것일까?

먼저 시체가 놓여 있던 상황에 대해 파악해둘 필요가 있다. 바깥쪽부터 순서대로 설명하면, 먼저 무덤 위에는 20미터 남짓한 분구가 쌓여 있고, 시체가 안치되어 있던 방은 그 아래, 땅에서 16미터의 깊이에 있었다. 시체는 2중 목곽과 4

중 목관을 겹친 것 안에 넣고, 곽관은 주위를 5톤 남짓한 목탄으로 덮고, 다시 그 주위를 두께 1미터 남짓한 하얀색 진흙으로 빈틈없이 덮었다. 또한 시체 그 자체는 약 스무 장의 비단 의복으로 감쌌고, 몸의 반은 발그스름한 물속에 잠겨 있었다.

부패되지도, 살이 썩어 뼈만 남는 일도 없이 오랫동안 원래 모습에 가까운 상태를 유지하고 있는 시체를 영구사체라 부르는데, 미라와 시랍(납화한 시체) 두 종류가 있다. 미라는 고대 이집트에서 볼 수 있는 것처럼 내장을 꺼내 말려 인공적으로 만들든가, 아니면 극도로 마른 땅에서 자연스럽게 생기는 것이고, 시랍은 물속과 습한 곳에서 꽉 닫힌 상태가 되었을 때 일어날 수 있는 현상이다. 마왕퇴의 경우, 시체의 반이 물에 잠겨 있고 내장은 꺼내지 않았다는 점을 생각하면 미라일 가능성은 거의 없다. 시랍이 되려면 칼슘과 마그네슘이 필요한데, 사실 이것들은 곽관을 덮는 하얀색 진흙에 많이 포함되어 있었다. 따라서 칼슘과 마그네슘은 지하수가 스며들면서 그것과 함께 충분히 보급되었을 것이다. 하얀색 진흙은 꽉 닫힌 상태를 만드는 역할도 담당하고, 목탄은 지하수를 깨끗이 하여 안을 균이 없는 상태로 유지하는 작용을 했을 것이다. 이 요소들이 합쳐져 물이 갑자기 스며들거나 빠지는 것을 막고, 늘 적당한 물과 습기가 유지될 수 있었다고 한다면, 시체가 원래 모습에 가까운 형태로 보존된 것은 시랍에 의해서라고 보는 것이 타당할 것이다.

그 후, 1호 무덤뿐만 아니라 마왕퇴에 있는 3기의 무덤 전부의 발굴 조사가 진행되어, 보존 상태가 매우 좋은 유물이 많이 발견되었다. 그중에서도 특별히 중요시되고 있는 것이, 비단 표면에 그려진 백화(비단에 그린 그림), 백서(비단에 쓴 글)이다. 백서 중에는 현행본과는 다른 부분을 가진 『노자』, 그 외 사본에서는 볼 수 없는 부분을 포함하고 있는 『전국책(戰國策)』, 단전호흡의 원래 모습이라고도 할 수 있는 체조의 형태를 그린 『도인도(導引圖)』 등이, 백화에는 고대 신화와 당시의 생과 사의 가치관이 나타나 있는 것이 유명하다.

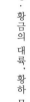

사마천의 『사기』에 숨겨진 속뜻은?

불로불사를 원한 나머지 상식의 선을 벗어난 행동을 한 것은 시황제만이 아니다. 당 · 명대에는 수상한 약을 먹어서 반대로 수명을 단축시킨 사람도 적지 않았다. 영특하고 총명한 군주로 알려진 전한의 무제(재위 기원전 141년~기원전

87년)도 불로불사를 위해 온 힘을 쏟았던 황제 중 한 명이었다.

사마천은 무제 시대의 인물로, 『사기』에는 「효무본기」라는 무제의 전기를 다룬 항목도 있다. 말하자면, 자신이 살았던 시대도 포함되어 있다는 것이다. 그런데 그 내용을 보자면 당황스럽기 그지없다. 정치적인 공적에 대한 언급은 전혀 없고, 처음부터 끝까지 제사 예법에 관한 얘기만 있기 때문이다. 마치 무제도 시황제와 같은 부류라 말하고 있는 것 같다. 사마천은 무제에게 뭔가 원한이라도 있었던 것일까?

정말 그랬다. 그는 무제에게 큰 원한을 품고 있었다. 사마천은 조정에서 봉사한 후 거세되어 환관이 되었는데, 그 이유에 대해서는 어디에도 자세히 나와 있지 않다. 『한서』의 「이릉전」에 간단한 기록이 있을 뿐이다.

> 주상은 사마천이 죄 없는 이사장군(이광리)을 깎아내리려 함과 동시에, 이릉을 변호했다고 하여 궁형(거세하여 환관으로 만드는 형)에 처했다.

이것은 흉노를 공격하고 있던 와중에 일어난 일이다. 원정군의 주력은 이사장군의 칭호를 가진 이광리의 지휘 아래에 있었고, 이릉이 이끄는 부대는 측면에서 지원하는 역할을 담당하고 있었다. 하지만 이릉이 이끄는 부대는 기병 하나 없이 전원 보병으로 이루어져 있었다. 유목 민족인 흉노와 싸우는 적지 한가운데에 보병만으로 이루어진 부대를 보내는 것은 무모하기 짝이 없는 일이었다. 아니나 다를까, 이릉이 이끄는 부대는 전멸하여 5천 명의 병사 중 살아서 돌아간 자는 4백 명에 불과했고, 이릉 자신은 어찌하지 못하고 적에게 항복했다. 한편 이광리가 이끄는 주력 부대는 모든 장비를 갖추고 싸움터로 나갔음에도 불구하고 병사의 반 이상을 잃는 큰 패배를 당하고, 허둥지둥 도망쳐 돌아왔다. 하지만 어째서인지 조정에서 비난의 목소리는 이광리가 아

닌 이릉에게만 집중되었다. 그런 가운데 혼자만 용감하게 다른 의견을 주장한 것이 사마천이었다. 분명하지는 않지만, 이때의 사마천의 주장이 거짓이라는 판단이 내려져 궁형의 굴욕을 당하게 되었다고 한다. 사마천은 그 원한과 분노를 글 쓰는 데 쏟아 부었고, 그렇게 완성된 것이『사기』였다. 시황제가 불로불사의 약을 찾아 헤매는 모습은, 무제를 깎아내리기 위한 복선이었을지도 모른다.

실크로드는 어떻게 생겨났을까?

시황제가 죽은 후 잠시 혼란기를 겪은 다음, 약 2백 년에 걸쳐 이어진 전한 왕조가 성립된다. 이 왕조는 세워진 이래 북방의 유목 민족인 흉노와의 관계로 인해 커다란 근심을 껴안고 있었다. 기원전 200년, 고조 유방이 직접 싸우러 나갔다가 그만 꾀에 빠져 굴욕적인 조건의 화의를 강요당했고, 그 후 몇 번인가 파탄과 회복이 반복되었지만 전한은 제대로 인정을 받지 못했다. 하지만, 7대째인 무제가 나라를 다스리게 되자 상황이 변했는데, 그 계기가 된 것은 하나의 보고서였다.

이보다 앞서, 무제는 흉노에 맞서 같이 싸워줄 상대를 찾아서 서역으로 장건이라는 밀사를 파견한 적이 있었다. 장건은 처음의 목적을 이루지 못한 채 13년 만에 귀국했는데, 그가 가져온 서역의 정보가 무제의 관심을 끌었다. 그중에서도 가장 무제의 마음을 끈 것이, 대원에서 나는 한혈마(옛날 서역의 대원국에서 산출된 명마. 피 같은 땀을 흘렸다고 한다)라는 말의 존재였다. 대원은 타림분지 서쪽의 페르가나, 현재의 타지크 공화국에 해당하는데, 그곳에 하루에 천 리를 달리고 피 같은 땀을 흘리는 준마가 있다는 것이다. 마침 무제는 흉노를 군사적으로 압도하려면 좋은 종자의 군마가 필요하다고 생각하고 있었다. 그때 다시 없을 준마에 대한

실크로드 개통은
내가 한 거나
다름없어.
진짜?
汗血馬

정보가 들어왔으니 망설일 이유가 없었고, 즉시 한혈마를 얻기 위해 원정군 파견을 결정했다. 이 큰 역할을 맡게 된 것이 장군 이광리였다. 그는 기원전 104년부터 4년의 세월을 들여 임무를 달성하고, 3,000마리 남짓한 한혈마를 얻어 당당하게 돌아왔다. 무제는 기쁜 나머지, 도읍의 남과 북에서 하늘과 땅을 받드는 제사를 지내고 그곳에 바칠 노래를 만들도록 했다. 이름하여 '서극천마의 노래'라고 한다.

천마가 온다. 서쪽 끝에서
만 리의 먼 길을 지나, 덕 있는 천자에게 돌아온다.
천자의 명을 받아 외국을 항복시키고
사막을 넘어 오랑캐를 정복한다.

이리하여 후에 실크로드라 불리는 무역로가 열렸다.

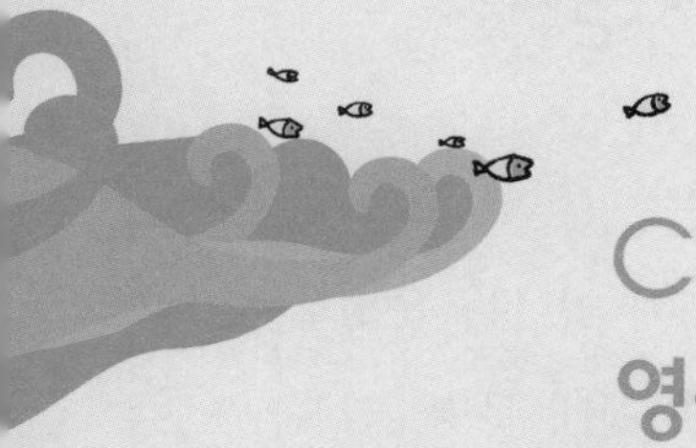

CHAPTER 5

영웅의 땅, 지중해 문명의 수수께끼

한 번 들어가면 나올 수 없는 곳, 미궁은 정말 존재했을까?

그리스는 역사상 몇 번이나 민족 이동의 파도를 겪었다. 특히 고대에는 몇 번의 급격한 변화를 통해 빛나는 문명을 쌓았는데, 그 역사는 크게 미노아 문명, 미케네 문명, 암흑시대, 폴리스시대로 나눌 수 있다.

크레타 섬을 중심으로 번영한 미노아 문명은 기원전 2000

년경에 시작되어, 기원전 1700년~기원전 1500년경에 최고의 전성기를 맞는다. 미노아 문명의 미노아는, 최전성기 때 왕의 이름인 미노스에서 유래한다고도 하고, 왕을 의미하는 말 그 자체 혹은 왕의 존칭이라고도 하는데, 여기서는 최전성기 시절의 왕의 이름이라는 것으로 이야기를 진행하도록 한다.

전설에 따르면, 미노스는 최고신 제우스와 에우로페라는 인간 미녀 사이에서 태어난 아이로, 친자식이 없는 크레타 왕 아스테리오스가 그를 양자로 들였다. 아스테리오스의 세 명의 양자 중, 미노스는 바다의 신 포세이돈의 도움으로 왕위를 이을 수 있었다. 그런데 약속했던 희생물을 바치지 않았다는 이유로, 포세이돈에게서 생각지 못한 복수를 당하게 된다. 왕비와 소를 맺어지게 하여 몸은 인간이지만 머리는 소인 괴물을 낳게 한 것이다. 이 괴물을 미노타우로스라고 하는데, 인간을 잡아먹었다. 그래서 미노스는 다이달로스라는 뛰어난 장인에게 한 번 들어가면 절대로 밖으로 나올 수 없는 복잡한 미궁을 만들게 하고, 그곳에 미노타우로스를 가두었다. 그리고 그의 식량으로 아테네에서 매년 소년 소녀 일곱 쌍을 보냈다. 어느 해, 아테네의 왕자인 테세우스가 스스로 나서서 사람 제물 일행에 합류했다. 그는 미노스의 왕녀 아리아드네와 연인 사이로 그녀의 도움을 받아 미노타우로스를 물리치고 미궁 탈출에도 성공했다.

이상이 미궁 전설의 일부인데, 오랫동안 이것은 사실과는 아무런 관련도 없는 완전한 신화로만 알고 있었다. 하지만 20세기 초, 영국의 고고학자 에반스에 의해 크노소스 궁전 유적이 발굴되면서 이야기가 달라지게 되었다. 1,500개가 넘는 방과 미궁이라 불러도 손색없는 복잡한 설계, 그리고 소와 관련된 유물이 많이 발견되었기 때문이다. 왕궁 이곳 저곳에 소의 뿔을 본뜬 것으로 보이는 장식이 있었다는 것을 알 수 있고, 소머리 모양을 한 신사(神事)용이라 생각되는 술잔과, 소년이 소의 등을 뛰어넘는 모습을 그린 벽화 등이 발견되고 있다. 경기로서 행해진 것인지 신사, 통과의례로서 행해졌는지는 알 수 없지만, 소가 특별했던 것만은 틀림없다.

또한 기원후 1세기의 로마의 역사가 플루타르쿠스는 그의 책에서 "미궁은 감옥으로, 죄인들이 도망치지 못하도록 했을 뿐 특별한 건물은 아니다"라는 주장과, "미노스 왕은 왕자의 죽음을 기리는 경기를 개최하고, 그 상품으로서 아테네가 보내온 젊은이를 주었다"라는 기원전 3세기의 아테네의 역사가 필로코로스의 주장을 소개하고 있다. 이것으로 미루어보아 미궁 전설은 단순한 신화나 전설이 아닌, 어떠한 사실을 배경으로 생겨난 이야기라고 생각해볼 수 있다.

이어지는 신화 이야기를 좀 더 하자면, 미노타우로스가 살해된 것을 알고 분노한 미노스왕은 미궁을 만든 다이달로스를 그의 아들 이카로스와 함께 미궁 속에 가둬버린다. 하지만 뛰어난 장인이었던 다이달로스는 새털을 밀랍으로 붙여 날개를 만든다. 그러고는 날개를 몸에 달고 이카로스와 함께 미궁 속을 탈출하게 된다. 하지만 이카로스는 아버지의 말을 어기고 너무 높이 날아오르다 결국 태양에 밀랍이 녹아 바다로 떨어져 죽고 만다. 이것이 오늘날 말하는 '이카로스의 날개' 이야기이다.

트로이의 목마는 전설일까? 사실일까?

트로이의 왕자 파리스가 스파르타의 왕 메넬라오스의 아내 헬레네를 유괴해 고국으로 데리고 돌아갔다. 이 때문에 트로이와 그리스 연합군 사이에서 전쟁이 일어났고, 10년이나 계속된 전쟁 속에서 아킬레우스와 헥토르를 비롯한 많은 영웅이 싸우다 죽었다. 그런 끝에 거대한 목마에 복병을 숨긴 연합군의 장치가 효과를 발휘해 트로이를 함락시킴으로

써 전쟁이 끝난다.

영화와 책 등으로 잘 알려진 이 전설은, 과연 어디까지가 사실일까? 신화에 지나지 않는다고 보는 생각이 압도적으로 강한 가운데, 무리하게 발굴에 도전한 한 남자가 있었으니, 독일의 실업가인 슐리만이다. 그 집념이 열매를 맺었는지, 1871년 슐리만은 소아시아 서부 구석의 해안 근처에서 트로이 유적을 발견했다. 슐리만은 발견 당일의 모습을 다음과 같이 말하고 있다.

내 인생에서 가장 긴장된 순간이었다. 당장이라도 거대한 성벽이 무너져 내릴 것 같았다. 하지만, 고고학 연구에 짐작조차 할 수 없는 가치를 지닌 유적이 내 눈앞에 있다는 생각이 들자 용기가 샘솟았고, 그 위험을 잊게 해주었다.

트로이 유적은 9개 층으로 되어 있고, 가장 오래된 것은 기원전 3000년~기원전 2600년경, 가장 최근의 것은 기원전 350년~기원후 400년경의 것이다. 동쪽 탑과 성벽은 트로이의 최고 전성기인 기원전 1900년~기원전 1300년경의 것으로 보이고, 성역이라 불리는 곳은 그것보다는 최근의 것이다. 기원전 480년에 페르시아의 왕이, 기원전 334년에는 마케도니아의 알렉산드로스 대왕이 찾아와 공물을 바친 장소가 그곳이라고 말하기도 한다. 하지만, 이 발견으로 인해 증명된 것은 트로이가 실제로 있었다는 것뿐이고, 그 후의 연구에 의해 기원전 13세기, 그리스와 트로이 사이에 밀접한 무역 관계가 있었다는 사실이 밝혀졌지만, 그 이상의 것은 아무것도 밝혀진 바가 없다.

도시국가 폴리스는 바람 잘 날이 없다?

그리스 역사상, 미케네 문명이 붕괴된 기원전 12세기경부터 400년 남짓한 시기를 암흑시대라고 부른다. 암흑시대가 끝났을 때는 그리스와 에게 해의 섬들, 소아시아의 서해안, 이탈리아 반도 남부, 시칠리아 등에서 많은 도시국가가 생겨났는데, 이것을 폴리스라 부른다. 폴리스는 도시와 그 주변의 농촌으로 이루어졌고, 도시의 수호신을 모시는 아크로폴리스라 불리는 약간 높은 언덕을 중심으로, 산기슭에는 아고라라 불리는 광장이 있었다. 아고라에는 의회와 법정, 시장 등이 있어서 정치, 경제의 중심 역할을 담당했다.

폴리스는 다 합쳐서 대략 150개 정도로 자신들은 이민족들과는 다른, 공통된 문화를 가진 그리스인이라는 의식을 가지고 있었지만, 결국 통일국가 성립의 기운은 생겨나지 않았다. 폴리스의 틀을 넘지 못하여 생산력에 한계가 있었고, 남는 인구가 발생했을 경우에는 해외 식민시를 개척하여 그곳에 이주시켰다. 이집트와 시리아, 가나안을 제외하면, 동지중해 연안에 그들의 식민 활동을 막을 수 있는 세력은 존재하지 않았기 때문에, 식민시 개척은 대체로 순조롭게 진행되었다. 이들 중 나중에 큰 힘을 가지게 되는 것이 소아시아 서해안의 여러 도시들로, 그곳을 이오니아라 불렀다. 아케메네스 왕조 페르시아의 세력이 뻗어왔을 때, 이오니아의 여러 도시는 페르시아에게 복종을 맹세했다. 그러나 아테네가 원조 약속을 하자 일제히 반기를 들었고, 이를 계기로 일어난 것이 페르시아 전쟁이었다. 그런데 폴리스의 힘은 고르지 않아서, 기원전 5세기까지는 아테네와 스파르타 세력이 크게 뛰어났다. 그러나 펠로폰네소스 전쟁(기원전 431년~기원전 404년)을 거치면서 두 폴리스의 힘은 크게 약해졌고, 기원전 4세기에는 테베, 코린토스 등의 세력이 나타난다. 기원전 362년의 만티네이아 전투로 테베가 패권을 쥐지만 우쭐거린 시기는 오래 지속되지 않았다. 기원전 338년, 카이로네이아 전투에서 테베를 비롯한 그리스 연합군이, 세력이 강화된 북방의 마케도니아에게 패배하자, 여러 도시는 동맹이라는 이름 아래 마케도니아에 강제로 속하게 되었다.

스파르타 교육에 절도가 포함된 까닭은?

절도와 살인은 죄 중에서도 아주 무거운 죄로, 처벌을 받는 것은 물론이고 그러한 행위를 권장하는 일은 동서고금을 막론하고 있을 수 없다고 생각할 것이다. 하지만 어디든 예외는 있는 법, 펠로폰네소스 반도 남부에 있었던 폴리스, 스파르타가 바로 그 예외에 속했다. 이집트나 페르시아와 달리, 고대 그리스에서는 기원전 4세기 마케도니아가 나타날 때까지 넓은 영역을 지배하는 통일국가가 탄생하지 않았다. 그 대신 크고 작은 많은 폴리스들이 땅을 나누어 차지한 상태에 있었다. 그중에서도 가장 강했던 세력은 아테네와 스파르타였다. 정치 체제는 폴리스와 그 시기에 따라서 제각각이었는데, 스파르타는 기원전 6세기부터 기원전 3세기경까지, 왕제와 귀족제와 민주제를 뒤섞은 듯한 독특한 정치 체제 아래, 극단적인 군국주의 정책을 취하고 있었다. 정치를 담당한 사람들은 대를 이은 두 왕과, 60세 이상의 덕이 빼어난 시민 중에서 선택된 28인의 종신회원으로 이루어지는 장로회, 그리고 20세 이상의 성인 남자로 이루어지는 민회, 그리고 시민 중에서 뽑힌 다섯 명의 감독관으로 이루어

져 있었다.

스파르타의 주민은 세 계층으로 이루어져 있었는데, 가장 높은 계층은 시민권을 가진 지배층으로 '동등자'라 불렸다. 두 번째는 '페리오이코이'라 불렸던 사람들로 자유 신분이지만 참정권이 없었다. 세 번째는 헤이로타이라 불리며 주로 농업에 종사하던 노예 신분의 선주민들로, 그들은 총인구의 절반에서 3분의 2정도를 차지하고 있었던 것으로 보인다. 소수의 시민이 압도적 다수인 헤이로타이를 지배하는 이 체제를 유지하기 위해서는 군국주의 정책이 불가피했을 것이다. 남성 시민은 생산 노동에는 전혀 상관하지 않고, 정치와 군사에 전념하는 것이 규칙이었다. 모든 남자 아이는 태어난 지 얼마 안 되어 레스케라 불리는 집회소에서 부족 장로들에게 심사를 받아야 했다. 전사가 되는 길밖에 없는 이상, 건강과 체력이 부족한 아이는 필요 없다고 하여, 불합격으로 판정된 아기는 산속 깊은 구멍에 던져 버려졌다. 무사히 심사를 통과한 아이는 7세가 되면 부모의 곁을 떠나 30세가 될 때까지 병영에서 의무적으로 집단 기숙 생활을 하게 된다. 우수한 전사로 키우기 위해 그곳에서 철저한 교육을 실시했던 것인데, 그 교육에는 절도와 살인도 들어 있었다. 어떻게 이런 범죄 행위가 교육 과정에 포함된 것일까?

병영 식사는 상당히 보잘 것 없었고, 신체 발육에 필요한 최소한의 양으로 한정되어 있었기 때문에, 한창 자랄 시기의 소년이라면 그걸로는 당연히 배를 채울 수 없었다. 그러면 어떻게 할까? 아무도 주지 않으니 어디선가 훔쳐 올 수밖에 없다. 그래서 누군가는 채소밭으로, 누군가는 어른의 공동 회식장으로 숨어들었다. 식사는 각 가정에서가 아닌, 정해진 회식장에서 정해진 멤버대로 먹는 것이 의무였다. 그렇다 해도, 훔치는 것은 쉬운 일이 아니다. 들켜서 붙잡힌 자는 부주의하고 솜씨가 나쁘다는 이유로 채찍으로 몹시 맞았다. 잘 훔치려면 용감하고 꾀가 있어야 하며 동시에 조심성이 있어야 한다. 절도를 통해서, 조는 자와 경비를 소홀히 서는 자를 익숙하게 공격하는 법을 배운다. 그렇게 만들기 위해서, 일부러 식사량을 제한했던 것이다. 가끔은 야생동물을 잡아먹는 경우도 있었지만, 그 경우에도 도중에 남이 채가지 않도록 조심해야만 했다.

한 소년이 새끼 여우를 잡아서 외투 안쪽에 넣어 배에 껴안듯이 해서 옮겼다. 여우는 손톱과 이를 이용해 필사적으로 날뛰었고, 소년은 남에게 들키지 않도록 필사적으로 그 아픔을 견뎠다. 그 때문에, 결국에는 배가 찢어져 죽고 말았다.

소년들에게는 그 정도로 뛰어난 참을성이 요구되었던 것

이다. 한편 살인은, 죽여도 되는 대상이 헤이로타이로 한정되어 있었다. 관리가 시기를 보고, 젊은이 중에서 머리가 좋아 보이는 자들을 전원지대로 보냈다. 그들이 가져갈 수 있는 것은 길이가 짧은 칼과 식량뿐이었다. 낮에는 사람들 눈에 띄지 않는 곳으로 흩어져서 몸을 숨기고, 밤이 되면 그곳에서 기어 나와 헤이로타이를 잡아서는 죽였다. 때로는 밭에서 일하는 것을 습격하고, 헤이로타이 중에서도 특히 몸이 튼튼하고 힘이 센 사람을 죽이는 일도 있었다. 이 살인죄를 면책하기 위해서 감독관 자리를 맡은 사람은, 우선 헤이로타이에 대해 선전포고를 하는 것이 관례였다. 한마디로 전쟁 중에는 적을 죽여도 살인죄에 해당되지 않는다는 이론이었다.

한때 스파르타 교육이 찬양된 시기가 있지만, 실제 스파르타 교육은 지나치게 심하고 인정머리가 없다. 당시의 그리스에서도 이상한 제도로 받아들여져, 군사력이 강화된다는 것을 알면서도 똑같은 제도를 도입하는 폴리스는 한 곳도 나타나지 않았다. 스파르타 스스로도 그런 체제를 계속 유지하지 못하고, 기원전 4세기 중엽에 여러 면에서 느슨해져 테베에게 그 지위를 빼앗기고 말았다.

델포이 신전의 신탁, 정말로 다 맞을까?

아테네에서 북서쪽으로 178킬로미터 떨어진 곳에 위치한 델포이는, 옛날부터 아폴론의 신탁(사람을 매개자로 신이 인간의 물음에 답하거나 자신의 뜻을 나타내는 것)이 내리는 곳으로 알려져 있었다. 그래서 그리스 각지에서는 물론이고, 일부러 소아시아와 이집트에서 신탁을 물으러 오는 사람도 있었다. 하지만 실제로도 신탁이 잘 들어맞았을까? 기원전 5세기의 역사가 헤로도토스의 『역사』에 소개된 구체적인 예 몇 가지를 알아보도록 하자.

먼저 기원전 6세기, 소아시아 서남부에 있었던 리디아 왕국의 마지막 왕 크로이소스에 관련된 이야기이다. 그는 처음에 그리스와 이집트 각지에 있는 몇 곳의 신탁소 중에서 어디가 가장 제대로 된 곳인지 시험해보았다. 그러고는 델포이를 특별히 뽑아 대 페르시아 전쟁의 길흉과 정권의 행방에 대해 점을 쳤다. 그러자 무녀를 통해 내려진 신탁은 이러했다.

"크로이소스가 페르시아로 군대를 보내면, 대제국을 멸망시키게 될 것이다."

"라바(당나귀 수컷과 말의 암컷 사이에서 난 잡종)가 메디아의 왕이 되었다면, 발이 부드러운 리디아인이여, 그때는 헤르몬강을 따라 도망치되, 멈추지 마라. 겁쟁이라는 호칭을 부끄러워할 필요는 없다."

과연, 어떻게 해석하면 좋을까? 또 크로이소스는 태어날 때부터 말을 하지 못하는 아이가 있었기 때문에 그 아이에 대해서도 물었는데, 그것에 대한 대답은 이랬다.

"리디아에서 태어난 많은 백성들의 왕, 정말 어리석은 크로이소스여. 손꼽아 기다리는 목소리를 들으려 바라지 마라. 그렇게 되지 않는 것이, 네게는 훨씬 나으리라. 그 목소리를 처음 듣게 될 때, 그날이야말로 재앙의 날이로다."

크로이소스는 이들 신탁을 전부 좋은 것이라 해석하고, 자신만만하게 페르시아와의 전쟁에 나섰지만, 기대와 달리 리디아는 페르시아에 의해 멸망하고 말았다. 크로이소스는 몰려오는 적의 병사들을 앞에 두고 죽음을 각오하는데 그 때 그의 아이가 "어이, 크로이소스를 죽여줄 거지"라고, 태어나 처음으로 말을 했다. 이로 인해 크로이소스가 왕임이 밝혀져 그는 죽음을 피할 수 있었다. 포로로서 살아남은 크로이소스는 나중에는 용서를 받아 왕의 고문이 된다. 틀림없이 신탁이 빗나갔다고 생각한 크로이소스는 그것을 따지기 위해 델포이로 심부름꾼을 보내지만, 무녀의 설명에 의해 신탁이 전부 맞았다는 것을 깨닫게 된다. 멸망한 대제국은 페르시아가 아닌 리디아이고, 라바라는 것은 페르시아의 왕 쿠루쉬(그의 어머니가 메디아의 왕녀임)를 뜻한다는 것이다. 정말 애매한 말 같지만 크로이소스가 납득했다는 걸 보면, 일반인들 역시 신탁을 그렇게 인식하고 있었다는 뜻일 것이다.

이어 페르시아 전쟁(기원전 500년~기원전 449년) 때, 아테네에게 내려진 신탁을 보자.

"집과 땅도, 바퀴처럼 둥근 마을의 우뚝 솟은 정상도 버리고 땅 끝으로 도망쳐라. 그대들의 마을은 머리도 몸통도 무사히는 끝나지 않으리……."

"……제우스는 아테네를 위해서 나무로 만든 난공불락의 요새를 보내 그대와 그대의 아이들을 지킬 것이다…… 오오 신성한 살라미스여, 데메테르가 준 선물을 거두어들일 때, 그대들은 여자 아이들을 멸망시킬 것이다."

과연 페르시아의 대군 앞에서 아테네는 아무것도 할 수 없었다. 그 후에, 아테네의 해군이 나무 요새(함대)의 힘으로 살라미스 해협에서 페르시아 해군을 격파했다.

이상 두 개의 예를 보는 한, 신탁은 상당히 신용할 만한 것이었다고 할 수 있지만, 아직 단정하기에는 너무 이르다. 신탁이 틀렸던 예도 있었기 때문이다. 소아시아 남단의 도시 크니도스 사람들은 페르시아군의 위협이 다가오자 델포이 신전으로 가 신탁을 구했다. 신탁의 내용은 이러했다.

"지협(두 개의 육지를 연결하는 좁은 땅)에 요새를 세워서도,

해자(성 주위에 둘러 판 연못)를 파서도 안 된다. 제우스에게 그럴 마음이 있다면, 이미 만들어 놓았을 것이리라."

신탁을 진지하게 받아들인 크니도스인들은 방어용으로 시작하고 있던 운하 건설 공사를 도중에 그만두었다. 그 결과, 페르시아군의 공격 앞에 어찌할 방법도 없이 싸워보지도 못하고 항복할 수밖에 없었다.

또, 처음부터 무녀가 거짓 신탁을 내리는 경우도 있었다. 아테네로부터 추방된 알크메온 가(家)는 반격을 꾀하고자, 무녀를 돈으로 샀다. 누구든지 스파르타 사람이 오면, 스파르타가 아테네 공격에 나서야 한다고 말하도록 부탁했던 것이다. 이것은 신탁도 돈에 따라 자신에게 유리하게 할 수 있었다는 것을 나타내는 전형적인 예라 할 수 있다.

이렇듯 신탁은 무조건적으로 믿어서도, 또 그렇다고 무시

할 수도 없는 것이었다. 중요한 점은 신탁의 맞고 틀리고는 그 말을 어떻게 받아들이느냐에 따라 크게 바뀐다는 것이다. 모든 것을 끼워 맞추면 적중률 100퍼센트가 될 수도 있는 반면, 하나도 맞지 않을 수도 있다.

그리스가 페르시아를 이길 수 있었던 이유는?

페르시아 전쟁은 고대 그리스가 경험한 최대 규모의 대외 전쟁이다. 병력이 압도적으로 불리했음에도 불구하고, 그리스가 이길 수 있었던 이유는 무엇일까? 이 전쟁을 두고 서양의 자유가 동양의 전제(한 사람이 권력을 가지고 지배하는 것)를 이겼다고 보는 의견도 있지만, 이 같은 주장은 논외로 하고 실질적인 측면에서 살펴보도록 하자.

먼저 들 수 있는 것은, 아케메네스 왕조 페르시아군이 여러 민족의 모임 세대였다는 것이다. 수가 많긴 했지만 갑작스럽게 만들어진 대군이었기 때문에 단결이 부족했고, 지휘 체계가 제대로 기능하지 못했기 때문에 수적인 유리함을 살리지 못했다는 점이다.

다음으로 생각할 수 있는 것은 보급 문제로, 병사의 수가 많으면 많을수록 그 심각도가 보다 늘어나고, 바다를 넘는 원정길이라면 더욱 그렇다.

또 이것과는 별도로, 한 가지 명심해야 할 것이 있다. 그것은 마라톤 전투든 살라미스 해전이든 페르시아 전쟁에 관한 기록이 모두 그리스인의 손에 의해 쓰였다는 점이다. 과장과 왜곡이 적지 않았을 것이 틀림없다. 페르시아군의 병사가 늘 그리스군보다 10배 이상 많았다는 것은, 아무래도 과장일 것이다. 실제 병사 비율은 페르시아군이 그리스군보다 2~3배 많은 정도가 아니었을까? 페르시아군의 기록이 거의 없기 때문에 정확히 판단할 수는 없지만, 그 후의 상황으로 보면 페르시아 측이 전쟁에 져서 큰 타격을 입은 것처럼은 보이지 않는다. 실제 전쟁은 전해지고 있는 것만큼 큰 규모가 아니었을지도 모른다.

아테네는 아마추어들이 이끌었다?

고대 그리스의 대표적인 폴리스인 아테네에서는 민주제가 행해졌다고 한다. 그러나 이 민주제를 현재의 민주제와 같다고 생각해서는 안 된다. 그럼 무엇이 어떻게 달랐던 것일까?

아테네의 민주제는 긴 시간을 거쳐 정비된 것으로, 기원전 5세기 전반에 완성되었다고 여겨진다. 그것에 따르면, 폴리스 거주자는 시민, 외국 거주자(다른 나라에 잠시 사는 것), 노예로 이루어졌고, 그중 참정권을 인정받은 것은 시민 성인 남자로 제한되어 있었다. 평소 행실에 크게 문제가 있는 사람이 아닌 한, 그들은 모두 관료 후보자였다. 현대라면 관료는 시험과 연고에 의해 선택되지만, 아테네에서는 추첨으로 뽑았다. 무엇보다도 공평한 기회에 무게를 두었던 것이다. 부패 방지를 위해서인지 임기는 1년으로 제한되었고, 재임(같은 관직에 다시 임명됨)과 중임(임기 중에나 임기가 끝났을 때 다시 그 자리를 차지하는 것)은 금지였다. 임기가 끝난 후에는 집무보고서 제출이 의무였고, 어느 시민에게나 탄핵할 권리가 주어졌다.

시민 성인 남자라면 누구나 참가할 수 있는 민회와 정원 500인으로 이루어진 평의회가 폴리스의 최고결정기관이었는데, 평의회 의원은 선거로 뽑히는 것이 아니라, 이것 또한 추첨으로 30세 이상의 희망자 중에서 뽑았다. 이쪽은 재임이 두 번까지 가능했고 재산으로 자르는 일은 없었지만, 실제로는 중산층 이상의 시민으로 이루어졌던 것 같다.

민회는 원칙적으로 평의회를 통과한 안건만을 논의하고, 그것을 바탕으로 거수로 채택 여부가 결정되었다. 참가인

수에 제한이 없었다는 점에서 활발함을 넘어, 야유가 끊이지 않는 소란스러운 집회였을 것이라 추측된다.

이것과 마찬가지로, 배심원도 30세 이상의 희망자 중에서 뽑았다. 유죄인가 무죄인가 하는 평결은 배심원이 법률에 비춰서 서로 이야기하는 것이 아니라, 배심원의 비밀 투표에 의해서 결정되었다고 하니, 불합리한 판결이 많았으리라 생각된다. 이 같은 배경이 있었기 때문에 아테네에서 연설이 발달하게 되었을 것이다.

아테네의 민주제는 군사 지휘관과 특수 기술을 가진 자리를 빼고는, 전문성을 따지는 일은 없었다. 아마추어에게 운영을 맡겼다고 해도 좋은데, 그런데도 폴리스를 잘 이끌어 갔다고 하니, 신기할 따름이다.

고대 올림픽은 어떤 모습이었을까?

현재 열리고 있는 올림픽은 고대 그리스의 올림피아 제전을 참고로 시작된 것이다. 올림피아 제전은 그리스 신화의 최고신 제우스를 위해 개최된 것으로, 남아 있는 기록에 의하면 기원전 776년에 열린 제전이 가장 오래된 것이다.

근대 올림픽과 고대 올림픽의 가장 큰 차이점은 참가 자격으로, 고대 올림픽에 참가할 수 있었던 사람은 오직 그리스인 남자로 한정되어 있었다. 마케도니아인은 원칙적으로 그리스인이라고 보지 않았고, 여성의 참가는 일절 금지되었다. 구경에도 제한을 두고 있어서, 이유는 알 수 없지만 결혼하지 않은 여성은 허용해도, 결혼을 한 여성은 금지했다.

고대 그리스에서는 늘 어딘가에서 전쟁이 일어나고 있었는데, 4년에 한 번 열리는 제전 때만은 휴전에 들어가는 것이 원칙이었다. 제전은 5일 동안 열리지만, 선수들은 모두 에리스라는 마을에서 한 달 동안 합숙생활을 해야 했기 때문에, 그곳으로 가는 왕복 기간을 포함한 날수가 휴전 기간이 되었다. 개막 며칠 전에 선수들은 엘리스에서 올림피아까지 가는 약 55킬로미터의 길을 행진했는데, 도중에 피에라의 용수라 불리는 곳에서 몸과 마음을 맑게 하기 위해 돼지를 희생물로 바쳤다.

제전은 입장 행진으로부터 시작되어, 그들은 먼저 제우스 신전의 대제단으로 가서 희생물을 바친 후 선수 선서를 한 다음, 그것이 끝나면 드디어 경기가 시작되었다. 초기 무렵에는 단거리 달리기를 했다는 기록밖에 없지만, 시대가 흐르면서 종목도 늘었다. 전성기인 기원전 576년부터 기원전 476년에 겨룬 종목은 단거리 · 중거리 · 장거리 달리기, 멀리뛰기, 원반던지기, 투창던지기, 레슬링으로 이루어진 5종 경기, 전차 경주, 경마, 권투, 판크라티온 등이다. 단거리 달리기는 경기장 끝에서 끝까지 192.27미터를 달려서 단순히 순위를 겨루었고, 중거리 달리기는 이것을 두 번 왕복, 장거리 달리기는 열두 번 왕복한 것으로 생각된다. 고대 올림픽에 아직 마라톤은 등장하지 않는다. 5종 경기 중 멀리뛰기는, 16미터라는 기록이 남아 있는 것으로 보아 단순한 멀리뛰기가 아니라 3단 뛰기였을 것이라 추측된다. 5종 경기는 이른바 종합적인 강함을 결정하기 위한 것으로, 종목 사이에 격차가 있었던 것 같다. 결승 진출의 조건은 레슬링을 뺀 네 종목 중 세 종목에서 승리하는 것으로, 우승의 행방은 레슬링의 승패에 달려 있었다. 판크라티온은 우리에게는 아직 낯설지만 글로브를 끼지 않고 때리고, 차고, 던지고, 누르고, 조르고, 꺾어 구부리는 등 뭐든지 가능한 종합 격투기이다. 다만 물어뜯는 것과 눈을 찌르는 것만은 금지되어 있었다. 이상의 종목에 대한 참가는 폴리스 단위로 이루어졌다. 경기자에게는 폴리스의 명예가 달려 있었기 때문에 경기에 임하는 자세도 남달랐고, 권투와 판크라티온에서는 죽는 사람도 드물지 않았다.

또한, 이 같은 경기 모임은 델포이의 퓨티아 제전과 코린토스의 이스트미아 제전 때도 열려서, 이스트미아 제전 때는 철학자로 유명한 플라톤이 우승한 적도 있었다. 그의 본명은 아리스토클레스라고 하는데, 플라톤이라는 이름은 그의 어깨가 넓은(그리스어로 플라투스) 것을 보고 체육 교사가 붙인 별명이다. 세기의 대 철학자는 건강한 육체도 가진, 강인한 사람이기도 했던 것이다.

고대인도 깜짝 놀란 세계 7대 불가사의는?

앞에서 세계 7대 불가사의에 대한 예를 들었는데, 여기서는 이집트를 제외한 지중해 주변에 있었던 것을 이야기해보려고 한다. 즉, 올림피아의 제우스 신상, 로도스 섬의 청동 거신상, 에페소스의 아르테미스 신전, 할리카르나소스 사당의 네 개가 그것으로, 모두 그리스인들이 세운 것들이다.

올림피아는 펠로폰네소스 반도의 서북단에 있었던 폴리스로, 고대 올림픽이 생긴 곳임과 동시에 개최지이기도 했다. 기원전 460년 전후에 이곳에 거대한 제우스 신상과 그것을 덮는 신전이 세워졌는데, 동쪽이 정면으로 길이 64.12미터, 폭 27.68미터, 기둥 높이가 10미터이다. 제우스 신상은 앉은 모습이면서도, 머리가 천장에 닿을 정도였다고 한다. 신상의 본체는 목조로, 몸은 상아로 덮고 의복에는 금박을 입혔다. 머리에는 어린 올리브 가지를 본뜬 관을 쓰고, 오른손에는 상아와 황금으로 만든 니케(승리의 여신) 상을, 왼손에는 석장(수행자가 들고 다니는 지팡이)을 들고, 지팡이 끝에는 독수리가 앉아 있다고 한다. 만든 사람은 페이디아스라는 당대 최고의 조각가인데, 그가 제우스에게 자신의 작품이 마음에 드는지 어떤지 영험을 나타내줬으면 좋겠다고 기도하자 즉시 바닥에 벼락이 떨어졌다는 이야기가 전해진다. 제우스는 벼락의 신이기도 했기 때문에, 이는 제우스의 뜻에 들어맞은 것으로 받아들여졌다.

소아시아의 남서해 바다에 떠 있는 로도스 섬에는 기원전 4세기 말, 마케도니아군을 물리친 것을 기념하여 만든 태양신 헬리오스 상이 서 있었다. 거신상의 본체는 철제 골격에, 주로 청동으로 만들어졌고, 그 높이는 34~37미터 정도에 이르렀다고 추측하고 있다. 후세의 상상도에서는, 만 후미의 방파제 양쪽에 발을 걸치고 걸터앉은 모습으로 그려지는 일이 많은데, 건축학상 그런 구조로는 30미터가 넘는 상을 버틸 수 없다고 한다. 거기서 가능성이 높다고 보는 것이, 의복을 땅까지 늘어뜨리고, 셋 내지 네 개의 지점에서 본체를 지탱했다는 설이다. 하지만 그 용맹한 모습을 바라볼 수 있었던 기간은 짧아서, 기원전 227년에 일어난 지진으로 무릎부터 위쪽이 파괴되었다. 기원후 653년에는 무릎부터 밑 부분도 쓰러졌고, 그 후 청동을 독점하여 팔려는 사람들에 의해 서서히 해체되어 어느샌가 흔적도 없이 사라져버리고 말았다.

소아시아 서부에 있는 에페소스는 예전에는 항만도시로서 번영하였고, 『신약성서』에는 에페소라는 이름으로 등장한다. 이곳은 또한, 다산(多産)의 여신 아르테미스 신앙의 중심지이기도 했는데, 그녀는 유방을 많이 단 모습으로 나타나는 일이 많다. 그 여신에게 바쳐진 신전이 7대 불가사의의 하나로 꼽혔다. 신전은 몇 번인가 파괴와 재건을 반복하지만, 적어도 기원전 7세기 초에는 존재했다는 것을 알 수 있다. 기원전 560년경에 다시 세워진 것을 보면 토대상이 115.14미터 X 55.1미터였다고 하니, 상당한 크기였음은 틀림없다. 7대 불가사의를 뽑은 필론은 "구름 위에 우뚝 솟은 에페소스의 대신전을 보았을 때, 다른 불가사의는 모두 뒤로 숨어버린다"라고 말하고 있다. 아르테미스 신전은 5세기에 로마 황제가 파괴한 것을 마지막으로, 두 번 다시 세워지지 않았다. 하지만, 일부 건축 재료는 다른 건물에 이용되어 현재도 남아 있는데, 이스탄불의 성소피아 성당에 세워진 기둥 중 일부는 아르테미스 신전의 것이라고 한다.

에페소스에서 80킬로미터 정도 남쪽에 있는 도시 보드룸은 고대에는 할리카르나소스라 불렸다. 세계 7대 불가사의의 하나로 꼽히는 유적은 기원전 4세기에 이 땅을 다스린 마우솔로스 왕의 신전이다. 건물의 높이가 약 42미터로, 높은 기단 위에 36개의 기둥으로 이루어진 줄기둥이 있고, 그 위에 24층으로 된 피라미드 모양의 지붕을 올리고, 정상에는 네 마리가 끄는 마차 상이 올려져 있다. 전부 대리석으로 만들었고, 곳곳에 그리스 신화를 소재로 한 조각이 있었다고도 전해진다. 이 신전은 중세까지 남아 있었지만 15세기 초, 할리카르나소스를 점령한 요하네 기사단이 파괴하고 말았다.

로마를 세운 에트리아인은 누구인가?

전설에 따르면 로마에 처음으로 촌락을 건설한 사람은 기원전 753년, 트로이의 영웅 아이네이아스의 후손이었다. 로마라는 이름은 전쟁의 신 마르스의 아들로, 이리의 젖을 먹고 자란 로물루스의 이름에서 유래되었다고 한다. 7대에 걸친 왕정을 지나, 기원전 510년부터 공화제 시대가 되었는데, 왕정 시대의 7대 왕은 자손이 물려받는 것이 아니라 그때마다 귀족 중에서 선택했던 것으로 보인다.

그중에서 적어도 제 5대와 제 7대 왕 두 사람은, 그 이름으로 보아 에트리아인이었다고 말해지는데, 에트리아인은 이탈리아 중부 지방의 선주민이다. 고대 그리스의 역사가 헤로도토스에 의하면, 토착민이 아니라 연고지가 소아시아의 루디아라고 한다. 헤로도토스는『역사』에서 이렇게 적고 있다.

아튜스왕 때, 루디아의 모든 땅에 심한 굶주림이 덮쳤고, 그것이 너무나 길게 계속되었기 때문에, 사람들은 신경을 다른 곳으로 돌리기 위해서 다양한 궁리를 짜냈다. 주사위, 공놀이 등 다양한 오락을 생각해냈고, 배고픔을 잊기 위해 이틀에 하루는 아침부터 밤까지 놀이에 열중했다. 이 같은 생활이 18년 동안 계속되었지만, 굶주림은 멈출 것 같지 않았다. 그리하여 왕은 모든 국민을 두 조로 나누어, 추첨으로 한 조는 남고 나머지 한 조는 외국으로의 이주를 결정했다. 남는 조의 지휘는 왕이 직접 맡고, 나라를 떠나는 조의 지휘는 왕자인 튜르세노스가 맡았다. 떠나는 조는 스미르나를 출항한 후 이곳저곳을 헤맨 끝에, 이탈리아 반도 중북부의 서해안에 상륙했고, 왕자의 이름을 따서 튜르세니아(와전되어서 에톨스키, 에톨리아)라 불리게 되었다.

에톨리아인에 관해서는 여전히 밝혀지지 않은 부분이 많지만, 그들의 많은 문화를 로마인이 이어받았다고 여겨지고 있다. 예를 들어, 번개와 제물로 바친 짐승의 내장으로 점을 보는 것은 에톨리아인에게서 유래되었다. 또한 에톨리아인은 악령을 쫓기 위해 신에게 사람을 제물로 바쳤는데, 그 의식은 두 사람의 결투라는 형태를 취하고 있었다. 원래는 이렇게 신성한 의식이었지만, 로마인은 그 정신은 제쳐두고 겉으로 드러난 것만을 이어받아 오락으로 즐겼다. 그것이 바로 검투사 노예들의 결투이다.

스파르타쿠스의 반란은 일어날 수밖에 없었다?

테베레 강가의 일곱 개의 언덕으로 둘러싸인 땅에 건설된 하나의 촌락에 지나지 않았던 로마는, 몇백 년에 걸쳐 유력한 도시국가, 더 나아가 영역 국가로서의 발전을 이뤄냈다. 기원전 4세기 중엽부터 몇 차례에 이른 삼니움 전쟁과 라틴 전쟁에서 계속 승리를 거두었고, 기원전 272년에는 대부분의 이탈리아 반도를 지배하게 되었다. 그리고 다시 몇 차례에 이른 포에니 전쟁과 마케도니아 전쟁을 거쳐 영역을 사방으로 확대해갔다.

영토 확대와 더불어 노예 수도 갑자기 늘어서, 기원전 1세기 로마의 총인구 약 4백만 명 중 약 150만 명이 노예였다고 추측하고 있다. 어떤 사람은 농원이나 목장으로 배치되었고, 또 어떤 사람은 검투사 노예가 되었다. 노예들은 평생 가혹한 노동에 시달렸고 검투사 노예들은 계속 이기지 못하면 죽을 수밖에 없는 운명이었다. 이렇다 보니 노예들의 반란이 일어날 수밖에 없었다. 기원전 135년과 기원전 104년에는 시칠리아 섬에서 노예의 대반란이 일어났는데, 기원전 135년에 일어난 반란을 누르는 데 로마는 4년이란 세월을 소비해야 했다. 기원전 73년에는 이탈리아 중남부의 카푸아에서 검투사 노예 스파르타쿠스가 이끄는 대반란이 일어났다. 반란은 검투사 양성소에서 도망친 78명의 노예에 의해 시작되었는데, 농원과 목장의 노예가 속속 참가했기 때문에 곧 몇만 명 규모로 불어나서 전성기였을 때는 그 수가 12만 명이나 되었다.

검투사 노예는 갈리아(현재의 프랑스)와 트라키아(현재의 그리스 북동부) 등의 출신자가 많았는데, 그들의 첫 번째 희망은 고향으로 돌아가는 것이었다. 그러나 인원수가 늘어

나면서 다양한 생각을 가진 사람들이 뒤섞여 작전에 혼란을 초래하게 된다. 로마에 상황을 정리할 시간과 계략을 꾸밀 기회를 주고 말았던 것이다. 그 결과, 반란은 기원전 71년에 진압되었고, 반란에 가담한 자들은 거의 죽임을 당했다.

포에니 전쟁은 왜 일어난 것일까?

현재의 튀니지에서 번영한 도시국가 카르타고는 원래 페니키아의 식민 도시 중 하나로, 전설에 따르면 기원전 814년에 세워졌다. 페니키아인은 현재의 레바논을 연고지로 하는 해양 민족으로, 카르타고는 그곳의 티루스 출신자가 세웠다고 한다.

로마인은 카르타고 주민을 포에니인이라 불렀다. 로마가 이탈리아 반도를 손에 넣었을 때, 지중해 서부는 카르타고인들이 장악하고 있었다. 바다의 지배권을 완전히 손 안에 넣고 있어서 '헤라클레스의 탑'이라 불린 지브롤터 해협 등은 페니키아의 배가 아니면 통과가 허락되지 않았다. 대서양의 혜택을 그들이 독점하고 있었기 때문에, 이탈리아 반도 밖으로 힘을 뻗어나가고 있던 로마와의 충돌을 피할 수 없었다. 잠시 화해가 성립되었다고 해도 로마가 계속 세력을 키우는 한 언젠가는 싸우지 않을 수 없었다. 농업국이라면 종속이라는 선택도 가능했겠지만 로마가 지중해 세계의 패권을 쥐려고 했기 때문에 싸워서 승리를 얻지 않고서는 무역 국가로 살아남을 방법이 없었던 것이다.

카이사르는 왜 루비콘강 앞에서 멈춰 섰나?

세 번에 이르는 포에니 전쟁과 마케도니아 전쟁의 결과, 지중해 서부는 완전히 '로마의 바다'로 변했고, 로마는 그 영토를 빠른 속도로 확장시켰다. 하지만 그와 더불어 심각한 문제가 발생하는데, 그것은 빈부의 차이였다. 귀족과 평민 일부가 점점 부유해진 것에 비해, 전쟁 중에 군인으로서 로마군의 주력을 담당하던 중류 이하의 평민은 잇달아 몰락했다. 당연히 사회 혼란을 피하지 못했고, 개혁에 뜻을 둔 그라쿠스 형제가 죽임을 당하자 로마는 내부 다툼의 1세기로 돌입한다. 기원전 60년, 역전의 용장 폼페이우스와 크라수스, 대중에게 인기가 있던 카이사르 세 사람이 원로원(의회)을 누르고 삼두 정치를 시작하면서 잠시 동안의 안정기가 찾아온다.

하지만, 크라수스가 파르티아 원정 중에 전사하자 삼두 정치의 균형은 무너지고 말았다. 원로원 보수파와 손을 잡은 폼페이우스는 갈리아에 있던 카이사르에게 군대를 해산하고 돌아오라는 호출장을 보낸다. 카이사르는 군단을 이끈 채 로마로 향하다가, 루비콘강 앞에서 일단 발을 멈췄다. 규칙상 군 지휘관은 군을 이끈 채 자신의 권한이 미치는 지역을 벗어나서는 안 되었는데, 루비콘강이 그 경계선이었기 때문이다. 잠깐의 휴식 후, 카이사르는 말했다.

"자 가자. 신들이 가리키는 곳으로. 적들의 불의가 부르는 저 편으로. 주사위는 던져졌다."

이리하여 최전선을 넘은 카이사르는 폼페이우스를 쳐부수고, 독재화의 길을 걷기 시작했다.

옥타비아누스가 마지막으로 남긴 말의 의미는?

카이사르는 독재화를 두려워한 원로원 의원들에 의해 기원전 44년 암살당한다. 그 후 그의 부하이자 조카인 옥타비아누스가 내부 다툼에서 이기고 혼란의 1세기에 종지부를 찍었다. 이때 소아시아, 시리아, 팔레스타인, 이집트까지 로마의 영토에 들어가서 지중해 전체는 '로마의 바다'로 변해 있었다. 옥타비아누스는 카이사르의 실패를 거울삼아 원로원과 협력해가는 길을 선택하면서 잇달아 중요한 관직을 겸임했다. 거기다 프린켑스(제1인자), 아우구스투스(존엄한 자)의 존칭을 받아서 실질적으로는 황제와 다름없는 권력을 손에 쥐었다.

그는 원로원으로부터 기원전 27년 아우구스투스라는 존칭을 하사받은 이래, 로마를 화려하게 장식하는 데 마음을 쏟았다. 로마의 중심인 포로 로마노에 새로운 원로원 의사당, 개선문, 바실리카, 율리아라 일컫는 건물을 쌓은 것을 비롯해, 아폴로 신전, 아우구스투스 광장, 평화의 제단, 해시계 등 후세의 얘깃거리가 될 만한 건축물을 많이 만들었다. 자부심의 표현이었는지, 옥타비아누스는 죽음을 맞을 때 이런 말을 했다고 한다.

"내가 발견한 로마는 진흙으로 되어 있었지만, 내가 남기는 로마는 대리석으로 되어 있을 것이오."

후의 로마제국의 번영을 생각해보면 이 말은 결코 과장된 말이 아니라는 것을 알 수 있다.

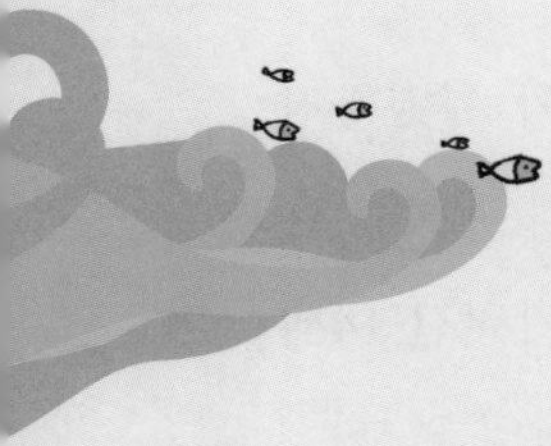

CHAPTER 6
비밀의 돌,
거석 문명의 수수께끼

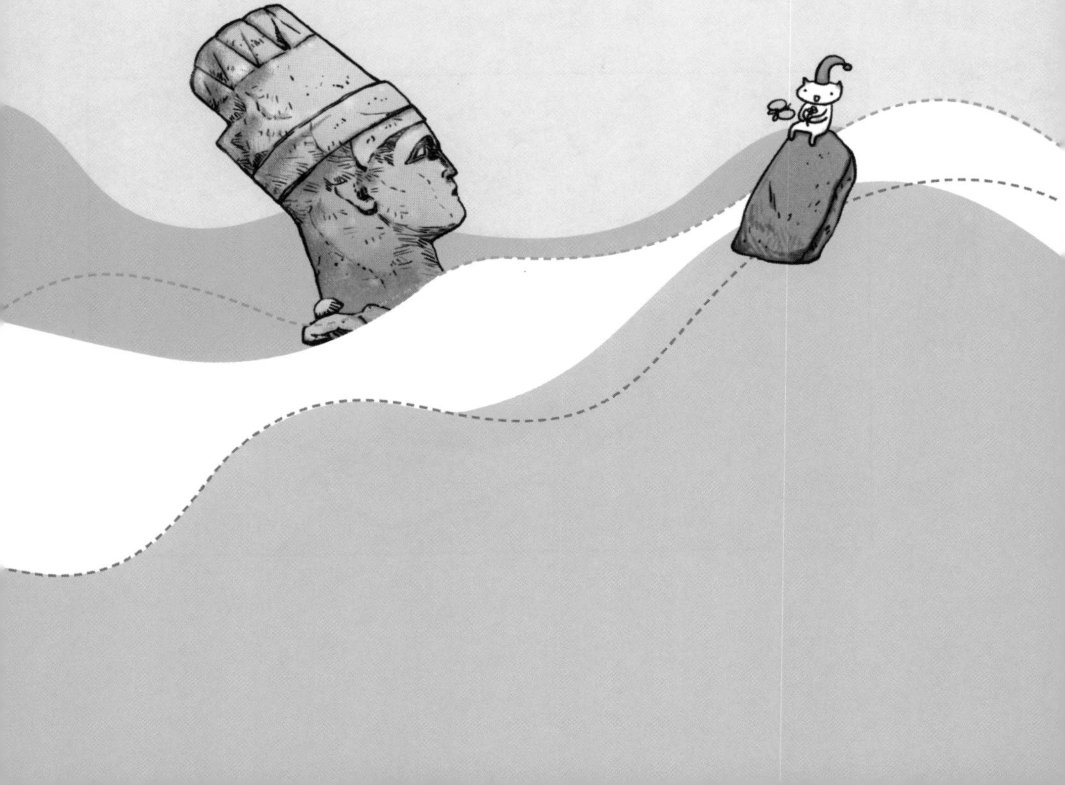

올메크 문명의 기술력은 얼마나 훌륭했을까?

미 대륙의 고대 문명이라고 하면 마야 문명이 유명하지만, 사실 미 대륙에서 가장 오래된 문명은 현재의 멕시코 남부 멕시코 만안에서 번영한 올메크 문명이다. 기원전 14세기경에 시작되어 기원전 3세기경에 끝난 이 문명의 역사는, 전반은 산 로렌소, 후반은 라벤타가 중심이었다고 한다.

올메크 문명을 상징하는 것은 현무암으로 만들어진 높이 2~3미터에 이르는 거대한 사람 머리상이다. 현재까지 17개가 발견되었는데 하나하나가 묘하게 모습이 달라서, 당시의 왕이 신관을 모델로 했던 것으로 추측하고 있다. 또한 그 돌

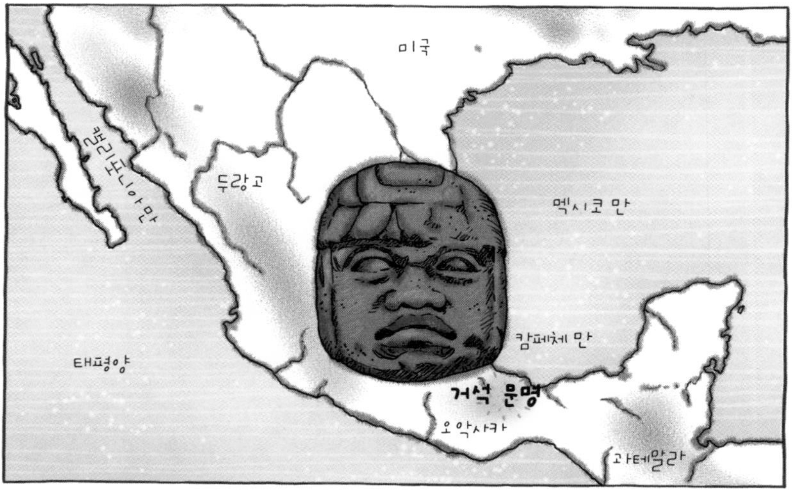

은 적어도 100킬로미터는 떨어진 툭스틀라 산맥에서 옮겨진 것으로 조각 기술도 세련된 것으로 보아, 상당히 뛰어난 전문 집단과 행정조직이 존재했었다는 것을 알 수 있다. 거석두상(큰 돌로 만든 머리 모양) 외에, 표범과 사람의 특징을 함께 갖춘 석상, 유아의 용모를 한 돌사람상도 다수 발견되고 있다. 이것은 농경 내지는 벼락, 비의 신을 형상화한 것으로 여겨진다.

그림일까? 문자일까?

마야 문명은 유카탄 반도에서 올메카 문명보다 조금 늦게, 메소아메리카(중앙아메리카) 시대 구분으로 선고전기의 중기(기원전 10세기~기원전 4세기)라 불리는 시기에 탄생했다.

마야라는 말은 그런 이름을 가진 국가나 왕조가 태어난 것이 아니라 어디까지나 문명권을 가리키는 호칭이다. 그곳에서는 기원전 5세기경부터 문자를 사용하기 시작했는데, 모르는 사람이 보면 틀림없이 그냥 그림이라고 생각할 것이다. 이처럼 미 대륙에서 가장 오래된 문자는 그림문자라는 표현이 딱 어울린다. 그것은 한 글자로 한 단어를 나

타내는 단어문자와 한 글자로 한 음절을 나타내는 표음문자의 두 가지로 되어 있었다. 아직 모든 문자를 풀지는 못했지만, 그 문자체는 한자와 가나로 이루어진 일본어와 닮았다고 할 수 있다. 중국에서는 갑골문자로부터 한자가 만들어졌고, 그것이 일본으로 건너와 히라가나, 가타카나가 생겼는데, 마야에서는 이런 문자 대중화의 움직임을 볼 수 없다. 메소포타미아나 이집트와 마찬가지로, 문자는 지배층과 피지배층을 뚜렷하게 구별하는 정치적 도구이자 큰 기준이었기 때문일 것이다. 왕후 귀족의 권위를 유지하기 위해서도 문자를 읽고 쓸 수 있는 능력은 신비한 힘으로 남겨두어야 했다. 신비의 베일로 피지배층의 눈을 덮어둘 필요가 있었던 것이다. 지배층이 차지하는 비율은 총인구의 5~10퍼센트 정도로 추측되는데, 한정된 소수의 사람들에게만 물려주는 것이라면, 간단하게 줄일 필요가 없다고 판단했던 것이 분명하다.

문자에 이어 달력도 사용되어, 마야인은 1년이 260일로 이루어진 제사력과 365일로 이루어진 태양력 두 가지를 사용하고 있었다. 양쪽 모두 20일을 주기로 구성되는데, 이것이 13번 반복되면 제사력으로는 1년이 지난다. 태양력의 경우 20일로 나누면 5일이 남게 되는데, 이것은 불길한 날이라 하여, '어둠의 날' '잃어버린 날' 등으로 불렸다. 그들이 비석에 남긴 글에 의하면, 마야인의 역사는 기원전 324년 8월 13일에 시작되어 2012년 12월 21일에 세계의 종말이 찾아온다고 한다.

수수께끼의 거석 신전을 세운 사람은 누구일까?

오리엔트뿐만 아니라 서유럽에도 존재한 거석 문명은 크게 네 가지로 나눌 수 있다.

① 멘힐

하나의 입석(立石)으로, 높이는 1~6미터 정도이다. 가끔 20미터 이상 되는 것도 있다.

② 입석군

입석이 많이 굳어져 있는 유적. 열석(많은 돌을 직렬로 세운 것)을 알리뉴망, 고리 모양을 하고 있는 것을 스톤서클이라고 한다.

③ 거석묘

여러 개의 돌을 한데 모아 만든 무덤. 세 장 이상의 받침돌 위에 천장의 돌을 올린 것을 고인돌이라고 한다.

④ 거석 신전

단순히 돌을 모아놓은 것만이 아니라, 정교한 가공을 한 신전을 뜻한다.

이들 중 마지막에 든 거석 신전은 마르타 섬, 고조 섬, 사르데냐 섬 등의 지중해 섬에서 많이 볼 수 있다. 마르타 섬의 고대 신전은 세계 유산에도 등록되어 있고, 이제까지의 연구에 따르면 가장 최근의 것이 기원전 1500년경, 가장 오래된 것은 기원전 4000년경의 것으로 추측되고 있다. 그리스보다 일찍 문명의 꽃을 피웠던 것이다.

신전 건축에는 하나에 무게가 20톤이나 되는 거석, 기둥 하나에 6미터나 되는 돌기둥 등도 쓰이고 있는데, 그 정도나 되는 것을 대체 어떻게 옮겼을까? 구체적인 방법은 별개로 하고, 신전 주변에 남아 있는 고대의 수레바퀴 자국으로 보아 바퀴가 달린 것으로 옮겼다는 것은 알 수 있다. 바퀴 간 폭은 134센티미터로, 상상해보면 크기가 상당히 크다. 신전에는 소용돌이와 산양, 돼지 등 가축을 그린 무늬가 남아 있는데, 소용돌이의 의미는 확실하지 않아서 재생, 부활, 혹은 영원을 의미한다고도 한다. 대체 어떤 사람들이 이런 문명을 세웠던 것일까? 유럽의 선주민이라는 켈트인보다 더욱 이전에 살았던 주민일 텐데, 그 혈통은 아직 수수께끼로 남아 있다.

또한, 섬 이곳저곳에서 풍만한 육체에 큰 가슴을 가진 여신상이 발견되고 있는데, 이것은 풍년의 여신일 것으로 생각된다. 이 같은 것들은 소아시아 중남부의 차타르 휴크에서도 많이 발견되고 있어서, 둘 사이에 뭔가 연결점이 있을 가능성도 있다. 차타르 휴크의 여신상은 기원전 6000년대의 것으로 추측된다. 따라서 소아시아에서 문명을 세운 민족의 일부가 무슨 사정으로 바다를 건너서 마르타 섬에 정착하게 되었을지도 모른다. 다만, 마르타 섬은 농경에도 목축에도 맞지 않아서 자급자족할 수 없는 섬이기 때문에, 무역 없이는 그 생활이 성립할 수 없었을 것으로 추측된다.

그리고 일부에서는, 마르타 섬과 고조 섬의 유적을 하룻밤에 가라앉았다는 전설의 아틀란티스와 관련짓는 주장도 있다. 침몰을 피한 것이 마르타라든가, 마르타 신전은 아틀란티스의 농민이 세웠다는 등 흥미로운 이야기이긴 하지만, 이 주장은 기본적인 결점을 가지고 있다. 그것은 아틀란티스가 실제로 존재했었다는 사실을 전제로 하고 있다는 것이다. 이것이 그리스의 철학자 플라톤의 상상이 만들어낸 것이라면, 이 가설은 근본부터 막히고 만다.

스톤헨지는 왜 만든 것일까?

지중해에 거석 신전이 많았던 것에 비해, 대서양쪽에서는 멘힐과 입석군을 많이 볼 수 있다. 영국 남부의 솔즈베리 평원에 있는 스톤헨지도 입석군의 하나인데, 이것은 스톤서클의 일종으로 직경 약 110미터짜리 고리 모양 소용돌이 안에, 직경 약 30미터의 고리 모양 돌기둥 군이 서 있다. 어느 것이나 인간의 키를 가볍게 웃도는 거대한 것뿐이다. 사용된 돌은 블루스톤과 사센스톤의 두 종류로, 사센스톤은 직선거리로 30킬로미터 정도 떨어진 곳에 있는 월튼셔 북부에서, 블루스톤은 200킬로미터 정도 간 곳에 있는 웨일스의 펨브로크셔에서 운반되어 온 것으로 생각된다. 돌의 무게는 전부 합쳐 3,000톤 남짓으로 운반 방법은 알 수 없지만, 상당한 기술이 필요했으리라 상상할 수 있다. 그 용도에 대해서는 옛날부터 드루이드의 제사 장소라든가 천문대라는 주장이 있었는데, 드루이드는 유럽의 선주민인 켈트인의 사제(司祭) 계급을 말한다. 여기서 잠깐 켈트인에 대해서 설명해두자.

켈트는 유럽의 선주민으로 여겨지지만 고향은 확실하지 않다. 기원전 15세기경 도나우 · 라인강을 따라 형성된 삼림지대에 정착했고, 기원전 9세기 이후 유럽 대륙에서 그레이트브리튼 섬까지 거주 지역을 넓혔다. 라틴어로 그들을 '갈

리'라고 했기 때문에, 로마인은 그들이 많이 사는 지역을 갈리아라고 이름 붙였다. 켈트라는 명칭도 그리스어에서 유래한 것으로, 그들 스스로를 칭한 명칭은 정확하지 않지만 아일랜드로 들어간 켈트인은 스스로를 '겔'이라고 했다. 기원전 9세기 이후, 그리스와 함께 유럽을 지배했으나 기원전 2세기 중엽부터 로마의 세력이 커지면서 구석으로 몰리게 되었다. 그리고 기원전 1세기에는 카이사르에 의해 갈리아 전역이 로마의 지배하에 놓이게 되었다. 그로부터 1세기 후에 그들의 세력 범위는 아일랜드, 그레이트브리튼 섬의 웨일스와 콩포르, 대륙 쪽의 브르타뉴 지방만 남게 되었는데, 이 중 마지막까지 로마의 손이 닿지 않았던 곳은 아일랜드뿐이었다.

4세기 말 이후, 아일랜드의 켈트 사이에서도 기독교화가 진행되어, 그때까지 제사의 중심에 있던 드루이드의 모습은 차차 사라지게 되었다. 옛날부터 스톤헨지가 이 드루이드의 제사 장소라는 설이 주장되어 왔지만, 애초에 스톤헨지가 세워진 시기가 켈트인이 그레이트브리튼 섬에 오기 전이었기 때문에 현재 그 설은 완전히 부정되고 있다.

스톤헨지가 세워진 연대는 세 시기로 나눠지는데, 제1기가 기원전 2800년~기원전 2200년경, 제2기가 기원전 2200년~기원전 2000년경, 제3기가 기원전 2000년~기원전 1100

년경이다. 드루이드가 이미 있었던 스톤헨지를 자신들의 제사에 이용했으리라고는 생각하기 어렵기 때문에, 드루이드와 스톤헨지는 전혀 관계가 없다고 할 수 있다. 그 후 중세에는 아서왕 전설과 관련하여, 아서왕의 숙부 펜드라곤을 기념하기 위해 마술사 마린이 건설했다는 전설이 생겨났다. 돌은 아일랜드에서 마법으로 운반했다고 하는데, 사람의 힘으로 옮기기에는 돌의 양과 무게가 엄청났기 때문에, 평범함을 뛰어넘는 힘에 기대지 않고서는 불가능하다고 보아 이 같은 주장이 생겨났을 것이다.

그렇다면, 천문대설은 어떨까? 이것은 스톤헨지의 원의 중심과 동북쪽에 있는 힐스톤이라 불리는 돌을 잇는 선이 딱 하짓날의 일출 방향과 겹쳐지는 것에서 생겨난 주장이다. 왜 많은 받침돌 가운데 힐스톤만 특별했던 것일까? 이러한 의견을 비롯해 많은 의문이 나오고 있다. 현재, 태양신앙과 관련된 제사 장소라는 주장이 가능성이 높다고 보지만, 이렇다 할 확실한 증거가 없기 때문에 스톤헨지를 세운 목적은 여전히 수수께끼에 싸여 있다.

카르나크 열석은 요정들의 마을이다?

아일랜드에는 요정과 관련된 전설이 많아 '요정의 섬'이라고 불리는데, 요정 전설이라고 하면 프랑스의 브르타뉴 지방도 결코 지지 않는다. 장난치기 좋아하는 이상한 힘을 가진 이 요정들을 브르타뉴에서는 코리강이라 불렀다. 그들은 거석(巨石)의 지하에서 살며 악마, 소인과 동일시되는가 하면, 그 정체가 켈트 이전의 선주민으로서 켈트에 의해 땅에서 쫓겨나 지하로 도망친 것이라고도 한다.

브르타뉴에 남아 있는 거석 유적 중에서 가장 큰 규모를 자랑하는 것이 카르나크 열석으로, 이것은 마치 코리강의 큰 마을 같다. 실제로 카르나크 열석은 켈트인이 같은 땅에 오기 훨씬 전인 기원전 3000년~기원전 2000년경에 세워졌다고 한다.

열석은 동서 4킬로미터에 걸쳐 이어져 있고, 크게 3군데로 나눌 수 있는데 가장 서쪽에 위치하는 것이 메넥, 중앙이 케르마리오, 동쪽 끝이 케르레스칸이라 불리고 있다. 메넥은 폭과 길이가 각각 약 1킬로미터로, 1,099개의 입석으로 되어 있다. 나머지 두 개는 입석 수로는 부족하지만 케르마리오군은 폭 약 100미터에 길이가 약 1.1킬로미터, 케르레스칸군은 폭 약 140미터에 길이 약 860미터로 세로로 길게

분포하고 있다. 켈트 선주민이 세운 것으로 보이는데, 그 용도는 알 수 없다. 제사를 지낸 장소라는 주장이 가능성이 높지만 그것을 뒷받침할 만한 것이 아무것도 없기 때문에 요정과 관련된 이야기가 생겨났을 것이다.

기독교가 퍼진 후에는 그와 관련된 성인 전설도 생겨났다. 옛날에 코르네이유라는 기독교의 사제가 있었는데, 그는 이교도의 병사에게 쫓겨 카르나크까지 도망쳐 왔다. 앞이 바다여서 더 이상 도망칠 곳이 없어진 그가 신에게 도움을 구하자, 이교도의 병사는 모조리 돌이 되고 말았다는 것이다. 이런 이야기를 만들고 싶어하고, 또한 믿고 싶게도 만드는 걸 보면 거석군은 사람들의 상상력을 자극할 수밖에 없는 신기한 유적이라 할 수 있을 것이다.

환상 왕국은 정말 있었을까?

터키공화국 동부의 이란과의 국경 근처에 반호라는 큰 함수호(소금기가 많아서 짠 호수)가 있고, 호수의 동쪽에는 기원전 9세기부터 기원전 8세기경에 세워진 것으로 보이는, 높이 80미터, 면적 1,200평방미터에 달하는 거대한 성채 흔적, 반 카레가 우뚝 서 있다. 천연 바위산을 이용한 것으로, 이것을 지은 것과 관련해 다음과 같은 전설이 전해진다.

옛날, 아시리아에 세미라미스라는 여왕이 있었는데, 미남으로 유명한 우라르투의 왕자 아라를 사랑하여 자주 심부름꾼을 보내서는 유혹했다. 아시리아의 수도 니네베로 찾아와 달라, 자신과 결혼해달라, 적어도 하룻밤만이라도 함께 보내달라고 했다. 그러나 아라는 끝까지 여왕의 요구를 계속 거절했고, 화가 난 여왕은 실력 행사에 나섰다. 여왕은 아라를 산 채로 잡아 오라고 명령했으나, 전쟁터에서 일이 생각처럼 순조롭게 진행되지 않아 그를 죽게 만들고 말았다. 여왕은 우라르투의 각지를 돈 후, 반호의 물가로 이어지는 산들에 눈길을 멈추고, 살아서 만남을 즐길 수 없었던 연인을 위해 멋진 성을 만들도록 명령했다.

이처럼 전설에서는 성채가 우라르투 왕국과 관련된 곳에 있고, 세운 사람은 아시리아의 여왕으로 되어 있다. 그것이 진짜인지 거짓인지는 둘째치고, 세미라미스는 그리스어식 발음으로, 그녀의 본래 이름은 삼무라마트라고 한다. 아시리아의 여왕이 아니라 아다드 니라리 3세(재위 기원전 810년~기원전 783년)의 어머니로, 왕이 어려서 즉위했기 때문에 대신 나라의 정치를 맡아서 절대적인 영향력을 가지고 있었다고 한다. 아시리아는 메소포타미아 북부를 근거지로 하는 국가로, 당시의 그들에게 가장 큰 위협이 되었던 것은 우라르투였다. 우라르투라는 이름이 역사 자료에 처음으로 등장하는 것은 기원전 13세기로, 아직 부족연합 단계에 있었다고 생각된다. 그 후 기원전 9세기에 와서는 영역 국가를 구축하면서 세력이 강대해진다. 반 카레 성채를 쌓기 시작한 것은 사르두리 1세인데, 손자인 메누아스 1세(재위 기원전 810년~기원전 781년) 때 견고한 성채로 다시 만들고, 왕국의 기초도 단단해졌다. 이어서 아르기쉬티스 1세(재위 기원전 785년~기원전 753년)가 재위하면서 정치는 더욱 안정되어 왕국의 최대 전성기를 이끌었고, 소아시아 동남부에서 이란 북서부를 지배하는 등 아시리아를 사느냐 죽느냐 하는 위기로 몰아넣을 정도의 기세였다. 그 후에는 서서히 쇠퇴해 기원전 6세기 초에는 우라르투 왕국도 해체되지만 반 카레 성채는 파괴되지 않았다.

이 성채 안에, 현재는 비둘기 둥지 겸 유적 관리자, 장사꾼, 걸인의 화장실이 된 동굴이 있고, 그곳 벽에는 우라르투 왕국 시대의 것으로 생각되는 쐐기문자가 남아 있는데, 발견된 지 1세기 반 이상이 지났지만, 여전히 풀리지 않고 있다.

거대 왕묘는 같은 민족이 만든 것이다?

서유럽에서 볼 수 있는 거석 문명을 네 개로 나눴는데, 세 번째로 든 거석묘 중에서 가장 큰 규모를 자랑하는 것이 아일랜드 동부의 뉴글렌지에 남아 있다. 기원전 3000년경 켈트 이전의 선주민이 만든 것인데 직경이 약 90미터, 돌의 총 무게가 약 20만 톤으로 무덤 하나의 크기로서는 특대형이라고 할 수 있다. 단순히 거대하기만 한 것이 아니라 그 외에도 몇 가지 특징이 있는데, 첫 번째는 1년에 딱 한 번, 해가 가장 짧아지는 동짓날에 입구에서 널방(무덤 속 방) 가장 안쪽까지 태양빛이 닿도록 설계되었다는 것이다. 직접적인 관련 여부는 알 수 없지만, 이집트의 아부심벨 신전도 이와 똑같이 만들어졌다. 아부심벨 신전은 기원전 1250년경에 지어

졌고, 가장 안쪽 지성소(구약 세대 신전 또는 막 안에 있는 가장 신성한 곳)까지 햇빛이 닿는 것은 하지와 동지로 일 년에 두 번이다.

또 하나의 특징으로, 주변에 배치된 거석 표면에 있는 무늬를 볼 수 있다. 마르타 섬의 신전에서 볼 수 있는 것과 많이 닮은 소용돌이 무늬가 새겨져 있다. 이를 보면 장소가 떨어져 있어도 인간의 생각은 크게 차이가 없는 것일까? 아니면 비슷한 시기로 보아, 같은 민족이 만들었을 가능성도 있다. 이 유적은 무덤이라고 말하고는 있지만, 바이킹에 의해 파헤쳐진 듯 널방에는 유골도 부장품도 남아 있지 않다. 그 때문에, 고고학자가 메스를 들이댈 때까지 무엇을 위해 만든 것인지 알 수 없었다.

브르타뉴와 마찬가지로, 그 지하에 요정의 거주지가 있다고 하여, 현지인들에게는 요정의 언덕이라고 불리기도 했고, 켈트 신화의 무대가 되기도 했다. 켈트 신화에는 모리건이라는 여신이 등장하는데, 그 이름은 '모르(위대한)'와 '리건(여왕)'에서 유래되었고, 싸움의 여신으로 여겼다. 성욕이 왕성한 여신으로 그녀의 눈에 들어 관계를 가진 남자는 원조를 받을 수 있었다. 뉴글렌지에서 그녀와 관계를 맺은 데다난 신족의 왕인 다구다는 원조를 얻어 아일랜드 정복에 성공했다고 한다. 그에 반해 젊은 용사 쿠후린은, 마침 피곤하여 전쟁이 끝날 때까지는 여성을 상대할 수 없다며 그녀의 구애를 거절하고 말았다. 그러자 모리건은 몹시 화가 나서 이렇게 말했다.

"그러면 네 전쟁을 방해하겠노라. 우선 장어의 모습으로 변신하여 네 발에 들러붙어 주마. 그리고 이리가 되어 가축 무리를 네 쪽으로 몰아넣고, 이어서 붉은 소가 되어 가축의 선두에 서서 너를 공격하겠다."

잔인한 적이 되어 쿠후린을 계속 공격하던 모리건이었지만, 그가 적의 창에 옆구리를 찔려 죽음을 맞았을 때는 큰 새의 모습이 되어 어깨에 머물며, 그의 죽음을 몹시 가슴 아파했다. 원한도 깊게 품었지만 정도 많은 여신이었다.

또한 아일랜드에는 뉴글렌지만큼 크고 단순한 구조로 이루어진 거석 무덤도 많이 보인다. 가장 유명한 것은 같은 섬

서부의 바레인 고원에 남아 있는 것으로, 그 모습을 본떠 ‘거인의 테이블’이라 불리고 있다.

신상들이 의미하는 것은 무엇일까?

남미대륙 최초의 문명을 꽃피운 안데스 문명은, 기원전 10세기경에 시작되어 기원전 8세기~기원전 3세기경에 걸쳐 번영했다.

차빈문화라 불리는데, 해발 3,177미터의 높은 땅에 남아 있는 도시 유적 차빈 데 완탈에서 그 특징을 알 수 있다. 차빈 데 완탈은 신전을 중심으로 발전한 마을로, 메소아메리카의 올메크 유적이 그랬던 것처럼 이곳에서도 표범을 나타냈다고 생각되는 상이 다수 발견된다. 퓨마, 독수리, 카이망(악어의 한 종류), 뱀을 본뜬 것, 그것들과 사람의 특징을 합쳐 놓은 것, 거기다 고고학자에 의해 ‘지팡이 신’ ‘웃음의 신’ ‘란손(큰 창이라는 뜻)’이라는 이름이 붙여진 신상(神像) 등도 적지 않다. 올메크와 마찬가지로, 이 상들도 농경 내지는 벼락, 비의 신일 것으로 추측하고 있다. 올메크와 차빈 사이에 교류가 있었던 것이 아니라, 자연환경 등에서 많은 공통점이 있었기 때문에 비슷한 생각이 생겨났으리라고 본다.

성서에 나온 시바 여왕의 진실은 어디까지?

1959년에 만들어진 영화 〈솔로몬과 시바의 여왕〉은 이스라엘, 유대 왕국의 왕 다윗의 만년부터, 솔로몬이 형 아도니야를 쓰러뜨리고 왕위를 확립하기까지를 그린 작품이다. 영화에서는, 시바 여왕이 미인계로 이스라엘을 빼앗으려고 솔로몬과의 사이에서 온갖 꾀를 써서 거래를 벌이는 장면이 나오는데, 기원이 되는 『구약성서』에는 그 같은 이야기가 보이지 않는다. 다만, 솔로몬의 명성이 평판과 같은지 시험해보려고, 시바 여왕이 먼 길을 떠나 예수살렘을 방문하는 이야기는 「열왕기」와 「역대지」에 실려 있다. 성서에 따르면, 시바 여왕이 미리 준비해온 문제를 솔로몬이 전부 풀어버리고 말았다. 거기다, 환영 연회에 나온 식사, 연회에 참석한 솔로몬의 신하들의 복장과 태도, 시중들의 일하는 모습 등 어느 것 하나, 시바 여왕을 감탄시키지 않는 것이 없었다. 그런고로 그녀는 솔로몬에게 말했다.

"내 나라에서 당신의 업적과 지혜에 대해 전해 들은 것은 사실입니다. 하지만 제 눈으로 확인하기 전까지는 그 말을 믿지 못했습니다만, 놀랍게도 나는 그 절반도 모르고 있었습니다. 당신의 지혜와 당신 왕국의 번영은, 내가 들었던 소문보다 훨씬 뛰어납니다."

시바 여왕은 그렇게 말하고, 가져온 많은 금과 보석, 발삼유를 솔로몬에게 주고, 그에 어울리는 답례품을 받은 후 자신의 나라로 돌아갔다. 성서에서 볼 수 있는 시바 여왕과 관

련된 글은 이것뿐이다. 여기서 시바 여왕은 잠시 머물다 간 귀한 손님에 지나지 않으며, 솔로몬과의 관계는 그 이상도 이하도 아니다.

그런데 시바 여왕의 나라는 어디에 있었을까? 시바 왕국은 현재의 예멘인 고대 아라비아 남쪽에 있었다고 한다. 옛 수도 마리부에는 시바 여왕이 세웠다는 댐과 궁전 흔적 등이 남아 있고, 그것들은 기원전 7세기 중엽의 것이라 여겨진다. 솔로몬은 기원전 10세기 사람이라고 하니, 예루살렘을 방문한 여왕과 댐을 쌓은 여왕은 유감스럽지만 다른 사람이라는 말이 된다. 처음 시바 왕국의 수도는 마리부보다 동쪽에 있는 사루와프라는 곳이었는데, 그곳에서는 농업에 필요한 물을 확보할 수 없었다. 그래서 마리부로 수도를 옮겼는데, 이곳은 70개 남짓한 산에서 흘러나오는 물이 한 줄기 강이 되는 아자나 계곡의 출구, 산악지대와 사막과의 경계에 위치하고 있다. 댐을 만들고 물을 효과적으로 이용함으로써 왕국 번영의 기초를 쌓았고, 이 댐은 파괴와 건설을 반복하면서 기원후 7세기까지 사용되었다고 한다. 기초공사가 몹시 튼튼하게 잘 되어 있었을 것이다.

그런데 예멘 외에도 또 하나, 시바 여왕의 왕국이 있었다고 여겨지는 곳이 있다. 예멘과는 홍해를 끼고 건너편에 있는 동아프리카의 에티오피아이다. 에티오피아의 옛 수도 악숨을 중심으로 번영한 왕국이 그것이라고 여겨지고, 실제로 이곳에도 시바 여왕의 목욕장 흔적, 궁전 자취로 여겨지는 유적이 남아 있다. 또 에티오피아의 독자적인 기독교인 에티오피아 정교에서 전해지는 이야기에 따르면, 시바 여왕은 솔로몬의 꾀에 빠져 그의 아이를 배었다고 한다. 태어난 아이의 이름을 메네리크 1세라 짓고, 성궤를 갖춰 이집트를 찾아가 같은 땅에 나라를 세웠다. 즉, 에티오피아 정교에서는 메네리크 1세를 건국의 아버지로 보고, 성궤가 아직도 악숨의 시온, 마리암 교회 안에 숨겨져 있다고 믿고 있다.

산 정상에 놓인 거대 신상은 누가 세웠을까?

소아시아 동부, 해발 2,150미터의 넴루트 산의 정상에는 직경 150미터, 높이 50미터 정도의 인공 흙을 쌓은 돋음이 있다. 그 앞에는 목부터 위가 없는 인물 좌상과 그곳에서 떨어졌다고 생각되는 두상(頭像)과 사자 상, 독수리 상 등이 흩어져 있다. 큰 것은 높이가 2미터에 이르는 이 두상들은 언제쯤, 누가 세웠을까?

때는 2300년 전으로 거슬러 올라간다. 기원전 323년 세

대륙에 걸친 대제국을 건설한 알렉산드로스 3세가 갑자기 죽었다. 영웅의 죽음과 함께 대제국은 즉시 흩어졌고, 그로부터 반세기 남짓 디아도코이 전쟁이라 불리는 후계자 다툼이 이어졌다. 반세기 후, 그곳에는 삼국이 대립하는 현상이 발생하여, 이집트는 프톨레마이오스 왕조, 마케도니아는 안티고노스 왕조, 서아시아는 셀레우코스 왕조의 지배하에 놓여 있었다. 각각의 왕조에는 몇 개의 속국이 있었는데, 셀레우코스 왕조의 지배 아래 소아시아 동부를 지배하고 있었던 콤마게네 왕국도 그중 하나로, 그들이 바로 넴루트 산의 유적을 건설한 당사자였다. 콤마게네 왕국은 아버지 쪽은 페르시아의 아케메네스 왕조, 어머니 쪽은 알렉산드로스 왕의 피를 이어받았다고 한다. 사실인지 어떤지는 모르겠지만 그 유적을 보는 한, 그리스 문화와 페르시아 문화 양쪽의 영향을 받은 것은 분명하다.

왕국의 전성기는 기원전 2세기 후반부터 기원전 1세기 중엽으로, 미트리다테스 1세와 그 아들인 안티오코스 1세의 평화로운 정치 지배 기간 동안이라고 한다. 이 왕국은 안티고노스 왕조와 셀레우코스 왕조의 멸망 후에는, 로마와 파르티아라는 두 대국 사이에서 완충국 역할을 하였다. 넴루트 산 정상에 있는 것이 안티오코스 1세의 무덤이고, 앞에 있는 것은 제우스, 헤라클레스 등 신들의 것으로 여겨진다.

이상의 것 외에, 넴루트 산에서 남서쪽으로 10킬로미터 떨어진 곳에는 아르사메이아라 불리는 콤마게네 왕국의 왕궁 흔적이 남아 있다. 이곳에도 높이 5미터나 되는 미트라 신의 입상과, 헤라클레스와 악수를 하는 미트리다테스 상 등 볼 만한 유물이 많이 남아 있다. 또한 넴루트 산에서 남서쪽으로 35킬로미터 정도 앞에는 카라쿠슈라 불리는 유적이 있는데, 미트리다테스의 엄마와 누나의 무덤 흔적으로 여겨진다. 돌을 쌓아올려 만든 무덤과 네 개의 기둥이 남아 있다. 카라쿠슈는 '검은 독수리'라는 뜻으로, 이 명칭은 기둥 위에 선 독수리의 상에서 유래되었다.

고대문명
약연표

기원전 9000년경	메소포타미아에서 초보적인 농업이 시작되다.
기원전 5000년경	메소포타미아에서 관개농업이 시작되다.
기원전 4000년경	마르타 섬에서 신전 건설이 시작되다.
기원전 3100년경	메소포타미아에서 도시국가가 출현. 설형문자의 출현.
기원전 3000년경	이집트에서 히에로글리프 사용이 시작되다. 브르타뉴의 열석 건조가 시작되다. 아일랜드의 뉴글렌지에 거대 왕묘가 구축되다.
기원전 2800년경	스톤헨지 건설이 시작되다.
기원전 2500년경	이집트에서 대 피라미드 건설이 시작되다.
기원전 2300년경	아카드 왕조의 사르곤이 메소포타미아 통일을 달성. 인더스강 유역에서 도시국가가 출현하다.
기원전 2100년경	세계 최고의 우르 남무 법전이 성립하다.
기원전 2000년경	기르가메슈 서정시가 성립하다. 티그리스강 유역에 아시리아가 건국되다.
기원전 1760년경	바빌론 제1왕조에서 함무라비 법전이 성립하다.
기원전 1700년경	인더스 문명이 소멸하다. 에게 해의 크레타 문명의 최전성기.
기원전 1550년경	중국에 은 왕조가 성립하다.
기원전 1500년경	아리아인이 인더스강 유역에 진출하다.
기원전 1400년경	중미에 올메크 문명이 일어나다.
기원전 1350년경	이집트에서 아멘헤테브 4세가 즉위. 종교개혁을 행하다.
기원전 1250년경	이집트에 아부심벨 신전이 구축되다.
기원전 1000년경	아리아인이 갠지스강 유역에 진출하다. 유카탄 반도에 마야 문명이 탄생하다.
기원전 965년경	솔로몬 왕이 즉위하다.
기원전 814년경	페니키아인이 카르타고를 건설하다.

기원전 800년경 그리스인이 알파벳을 채용하다.
안데스에서 차빈문화가 번영하다.

기원전 776년경 올림피아 제전 창설.

기원전 770년경 중국에서 춘추전국시대가 시작되다.
우라르투 왕국의 최고 전성기.

기원전 753년경 전설상의 로마시 건설.

기원전 722년경 이스라엘 왕국이 아시리아에게 멸망하다.

기원전 600년경 갠지스강 유역에 16개의 국가가 성립하다.

기원전 586년경 유대 왕국이 신바빌로니아에게 멸망하다.

기원전 566년경 부처의 탄생.

기원전 550년경 아케메네스 왕조 페르시아가 메디아로부터 독립하다.

기원전 515년경 예루살렘 제2신전의 완성.

기원전 510년경 로마공화제 개시.

기원전 500년경 페르시아 전쟁이 시작되다.
마야에서 문자 사용이 시작되다.

기원전 479년경 공자 사거.

기원전 460년경 그리스에서 펠레폰네소스 전쟁이 시작되다.

기원전 334년경 알렉산드로스가 동정을 개시하다.

기원전 330년경 아케메네스 왕조 페르시아의 멸망.

기원전 264년경 제1차 포에니 전쟁.

기원전 221년경 진의 시황제가 중국을 통일하다.

기원전 202년경 중국에서 한 왕조가 성립하다.

기원전 121년경 한 무제가 하서사부를 설치하다.

기원전 73년경 로마에서 스파르타쿠스가 난을 일으키다.

기원전 60년경 로마에서 제1회 삼두정치가 시작되다.

기원전 44년경 카이사르 암살.

기원전 30년경 프톨레마이오스 왕조가 로마에게 멸망하다.

세상에서 가장 재미있는 문명지도 (원제 : 世界の古代文明がよくわかる本)

1판 1쇄 2010년 3월 29일
개정판 1쇄 2013년 8월 20일
3쇄 2015년 12월 20일

지 은 이 시마자키 스스무
옮 긴 이 김성미

발 행 인 주정관
발 행 처 북스토리(주)
주 소 경기도 부천시 원미구 길주로 1 한국만화영상진흥원 311호
대표전화 032-325-5281
팩시밀리 032-323-5283
출판등록 1999년 8월 18일 (제22-1610호)
홈페이지 www.ebookstory.co.kr
이 메 일 bookstory@naver.com

ISBN 979-11-5564-001-2 04900
978-89-93480-01-6 (세트)

이 도서의 국립중앙도서관 출판시도서목록(CIP)은 서지정보유통지원시스템 홈페이지(http://www.seoji.nl.go.kr)와 국가자료공동목록시스템(http://www.nl.go.kr/kolisnet)에서 이용하실 수 있습니다.
(CIP제어번호 : CIP2013013199)